中等职业学校教科书

职业道德与法治学习辅导

主　编◎孙明利　朱　兵
副主编◎贾　若　任秀慧　张　兰　丁　燕

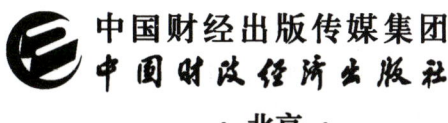

中国财经出版传媒集团
中国财政经济出版社
·北京·

图书在版编目（CIP）数据

职业道德与法治学习辅导／孙明利，朱兵主编． 北京：中国财政经济出版社，2024.8. -- （中等职业学校教科书）． -- ISBN 978-7-5223-3359-5

Ⅰ．B822.9；D92

中国国家版本馆 CIP 数据核字第 2024T3S608 号

责任编辑：葛　新　　　　　　　　责任校对：胡永立
封面设计：陈宇琰　　　　　　　　责任印制：史大鹏

职业道德与法治学习辅导
ZHIYE DAODE YU FAZHI XUEXI FUDAO

中国财政经济出版社 出版

URL：http://www.cfeph.cn

E-mail：cfeph@cfeph.cn

（版权所有　翻印必究）

社址：北京市海淀区阜成路甲 28 号　邮政编码：100142

营销中心电话：010-88191522

天猫网店：中国财政经济出版社旗舰店

网址：https://zgczjjcbs.tmall.com

北京密兴印刷有限公司印刷　各地新华书店经销

成品尺寸：210mm×297mm　16 开　12.25 印张　210 000 字

2024 年 8 月第 1 版　2024 年 8 月北京第 1 次印刷

定价：30.00 元

ISBN 978-7-5223-3359-5

（图书出现印装问题，本社负责调换，电话：010-88190548）

本社质量投诉电话：010-88190744

打击盗版举报热线：010-88191661　QQ：2242791300

出版说明

中等职业学校思想政治课教科书《中国特色社会主义》《心理健康与职业生涯》《哲学与人生》《职业道德与法治》由国家教材委员会审核通过，高等教育出版社于2023年8月出版。

为了帮助同学们更好地学习、理解、掌握思想政治课的内容，在教育部国家教材局的指导下，高等教育出版社授权我社出版上述四门思想政治课的学习辅导用书。本套辅导用书以习近平新时代中国特色社会主义思想为指导，以高等教育出版社出版的中等职业学校思想政治课教科书为依据，将理论与实践相结合，从同学们的生活体验出发深入浅出地解读"中国特色社会主义""心理健康与职业生涯""哲学与人生""职业道德与法治"课程内容，引导同学们在学习中体验，在体验中感悟，在感悟中成长，做到将理论知识外化为解决实际问题的能力和本领。

期盼广大师生在使用本套辅导用书的过程中，提出宝贵的意见和建议，我们将集思广益，不断修订完善、提高。

中国财政经济出版社
2024 年 8 月

总　序

"问渠那得清如许？为有源头活水来。"中国特色社会主义进入新时代，新时代催生新思想，新思想指引新征程。为了更好地帮助同学们深入理解并践行中等职业学校思想政治课程，我们编写了与中等职业学校思想政治教科书紧密配套的学习辅导。

本套学习辅导以习近平新时代中国特色社会主义思想为指导，将理论与实践相结合，从同学们的生活体验出发，由具体到抽象，深入浅出地解读"中国特色社会主义""心理健康与职业生涯""哲学与人生""职业道德与法治"课程内容，精心设计了"思维导图""目标点击""自主预习""课堂探究""实践营地""成长回眸""信息资讯"七大板块，引导同学们在活动中体验，在体验中感悟，在感悟中成长，做到将理论知识外化为解决实际问题的能力和本领。

本套学习辅导注重实践性和可操作性，形成自身的鲜明特色，其突出特点体现在：

第一，明确目标定位。我们依据《中等职业学校思想政治课程标准（2020年版）》，瞄准学习目标，在每课的"思维导图""目标点击"板块，通过清晰的目标设定，同学们可以更加明确自己的学习方向。

第二，联动课内课外。我们将思政小课堂与社会大课堂相结合，设计"自主预习""课堂探究""实践营地"板块，实现课前、课中、课后三阶段联动，鼓励同学们在课外积极寻找学习资源，拓宽自己的知识视野。

第三，强化实践体验。我们遵循"基于情境、基于案例、基于生活"原则，每课都围绕议题设计了课堂演练活动，运用经典研读、故事分享、情景展示、主题辩论等方式组织课堂实践。每课都提供了社会实践样本，为充分挖掘地方红色资源，开展志愿服务、理论宣讲、实地调研、人物访谈等实践活动奠定基础，达到学以致用、知行合一的目的。

第四，体现多元评价。在"成长回眸"板块，我们注重同学们自我矫正、自我教育、自我反思，在认知与品质、态度与情感、运用与行动方面，通过自评、互评、师评以及社区、专家、企业评价，促进同学们的全面发展。

第五，打造立体学习辅导。我们充分利用现代信息技术手段，为同学们提供立体化的学习材料。通过扫描二维码，同学们可以观看视频，获取议学单、社会实践任务单等资源，享受更加便捷、高效的学习体验。

同学们，新时代赋予我们新的使命与责任。让我们坚定理想信念，志存高远，脚踏实地，在学习中展现才华，在职业生涯规划中明确方向，在倡议行动中传递正能量，在筑梦演讲中放飞梦想，为实现中华民族伟大复兴贡献青春和力量。

编 者

2024 年 8 月

前　言

踏入职场之前，同学们都怀揣着对未来的憧憬与期待。然而，在未来职场中，如何保持一颗正直的心，如何坚守自己的道德底线，如何依法行事，成为我们不得不面对的重要人生课题。为此，我们编写了这本《职业道德与法治学习辅导》，旨在帮助同学们在成长的道路上，同步提升职业道德素养和法治意识。

德不孤，必有邻。本书首先强调了道德与职业道德的重要性。道德不仅是我们从事任何职业都应遵循的基本准则，更是我们实现个人价值、赢得社会尊重的重要保障。通过学习职业道德，我们能够更加清晰地认识到自己在职场中的责任与义务，从而更加认真地对待工作，为社会的进步贡献自己的力量。

法不阿贵，绳不挠曲。本书也深入探讨了法治精神的核心价值。法治是现代社会治理的基本方式，它要求我们在日常生活中遵守法律、尊重法律、维护法律的尊严。通过学习法治知识，我们能够更加深入地理解法律的精神内涵，从而在日常生活中更加自觉地遵守法律、维护社会秩序。

在内容设计上，本书设置"自主预习""活动演练""成长回眸"等栏目，引导同学们将理论知识应用于生活实践中。还注重启发同学们的思考，通过问题引导、小组讨论等方式，激发同学们的学习兴趣和探索精神。

在内容编排上，本书力求全面、系统、实用，既介绍了职业道德与法治的基本理论，也结合了大量案例进行分析，让同学们能够在实践中更加深入地理解所学知识，助力同学们坚定志向理想、发挥智慧才干、培育工匠精神，在中国式现代化建设中贡献青春力量。

我们坚信，通过学习本书，同学们将能够更加清晰地认识到职业道德与法治在现代社会中的重要作用，更加自觉地遵守职业道德规范，更加坚定地维护法治精神，更要将所学知识内化于心、外化于行，以更加高尚的职业道德和更加坚定的法治信念面对未来职业生涯。

编　者

2024 年 8 月

目 录

第一单元 感悟道德力量

第1课 追求向上向善的道德 …………………………………… 2
第2课 让美德照亮幸福人生 …………………………………… 15

第二单元 践行职业道德

第3课 增强职业道德意识 ……………………………………… 30
第4课 在工作中做合格建设者 ………………………………… 43
第5课 弘扬劳动精神、劳模精神、工匠精神 ………………… 57
第6课 提升职业道德境界 ……………………………………… 71

第三单元 增强法治意识

第7课 中国特色社会主义法治道路 …………………………… 86
第8课 建设法治中国 …………………………………………… 101
第9课 坚持依宪治国 …………………………………………… 115

第四单元 遵守法律规范

第10课 养成遵纪守法好习惯 …………………………………… 130
第11课 依法从事民事活动 ……………………………………… 143
第12课 自觉抵制犯罪 …………………………………………… 157
第13课 学会依法维权 …………………………………………… 171

后 记 ……………………………………………………………… 185

第一单元
感悟道德力量

第1课
追求向上向善的道德

思维导图

- 第1课 追求向上向善的道德
  - 一、传承中华民族优良道德传统
    - 1. 道德的作用
      - 道德的特点
      - 道德对国家治理和社会发展具有重要作用
      - 道德对个人成长成才具有重要作用
    - 2. 自觉传承中华传统美德
      - 认清传统道德与中华传统美德的关系
      - 中华传统美德的丰富内涵
      - 传承中华传统美德的重要意义
      - 传承中华传统美德要内化于心、外化行
  - 二、弘扬社会主义道德
    - 1. 坚持道德建设的社会主义方向
      - 中国共产党领导人民创造形成了社会主义道德体系
      - 社会主义道德建设以马克思主义为指导
      - 社会主义道德建设以为人们服务为核心
      - 社会主义道德建设以集体主义为原则
      - 社会主义道德建设以"五爱"为基本要求
    - 2. 加强新时代公民道德建设
      - 加强新时代公民道德建设的意义
      - 加强新时代公民道德建设的着力点和重要任务
      - 青年学生要加强道德修养、注重道德实践

第1课　追求向上向善的道德

目标点击

（1）了解道德的特点和作用，理解坚持马克思主义道德观、社会主义道德观，以及新时代加强思想道德建设的意义。

（2）认同中华民族优良道德传统；树立正确的劳动观、职业观、就业观、成才观；培养理性平和、积极向上的良好心态，坚定中国特色社会主义文化自信。

（3）自觉学习榜样，领悟和传递道德力量。运用马克思主义基本立场、观点和方法，观察分析社会生活中的道德现象，并进行正确的价值判断和行为选择。自觉参与新时代公民道德实践，践行社会主义核心价值观。

自主预习

观看视频《"平"语近人——国无德不兴》，初步思考总议题：为什么说"国无德不兴，人无德不立"？

【视频来源：学习强国】

学习感悟

课堂探究

素质训练

选一选

1. 下列关于道德的说法中正确的是（　　）。
   A. 道德是由国家强制力保证实施的
   B. 道德为人类社会所特有
   C. 道德是由人们的思想觉悟决定的
   D. 道德的内容在各个时代都是相同的

2. 爱国主义自古流淌在中华民族的血脉之中，是中华儿女最自然、最朴素的情感。"弘扬爱国主义精神，必须把爱国主义教育作为永恒主题。"2023年10月24日，《中华人民共和国爱国主义教育法》获表决通过。这部法律的出台说明（　　）。
   A. 以法之名有助于推动新时代爱国主义教育
   B. 法律的教化和道德的规范作用相得益彰
   C. 法治是筑牢中华民族共同体意识最佳途径
   D. 中华民族精神的核心是爱国主义

3. 中华传统美德是中华优秀传统文化的主要内容。下列属于中华传统美德的是（　　）。
   ①促进社会和谐　②崇尚正义　③自强不息　④孝老爱亲
   A. ①②　　　　B. ①③　　　　C. ②④　　　　D. ③④

4. 2023年10月，十四届全国人大常委会第六次会议审议通过了《中华人民共和国爱国主义教育法》，规定把爱国主义教育纳入国民教育体系。这说明（　　）。
   ①体现依法治国和以德治国相结合　　②发挥法律对道德建设的促进作用
   ③旨在以道德滋养法治精神　　　　　④说明道德是人们心中的法律
   A. ①②　　　　B. ①④　　　　C. ②③　　　　D. ③④

5. 中华民族具有五千多年连绵不断的文明历史，创造了博大精深的中华文化。中华优秀传统文化的主要内容包括（　　）。
   ①核心思想理念　②中华人文精神　③中华传统美德　④中华传统经济
   A. ①②③　　　　B. ①③④　　　　C. ①③　　　　D. ②④

6. 我国古代不乏人文关怀的伟大思想，如《孟子》中的"老吾老，以及人之老；幼吾幼，以及人之幼"。下列诗句能体现这一思想的是（　　）。

   A. 天作孽，犹可违；自作孽，不可活

   B. 迨天之未阴雨，彻彼桑土，绸缪牖户

   C. 长太息以掩涕兮，哀民生之多艰

   D. 是亦彼也，彼亦是也。彼亦一是非，此亦一是非

7. "老吾老，以及人之老""为老人折枝，是不为也，非不能也""谁言寸草心，报得三春晖"。这些名言体现了（　　）。

   ①鼓励人们向上向善的中华人文精神　　②孝老爱亲的中华传统美德
   ③讲仁爱、重民本的核心思想理念　　④中华优秀传统文化的主要内容

   A. ①③　　　　B. ①④　　　　C. ②③　　　　D. ②④

8. 加强新时代公民道德建设的着力点是（　　）。

   A. 社会公德、职业道德、家庭美德、个人品德

   B. 弘扬民族精神和时代精神

   C. 传承中华传统美德

   D. 筑牢理想信念之基

9. 社会主义道德建设要以为人民服务为核心，是因为（　　）。

   ①以为人民服务为核心是社会主义道德的本质要求

   ②以为人民服务为核心是社会主义道德区别和优越于其他社会意识形态道德的显著标志

   ③在社会主义社会，人们是国家的主人

   ④只有坚持以为人民服务为核心，调动人民群众的积极性、主动性、创造性，才能充分激发出内在的道德自觉和道德追求

   A. ①　　　　B. ①②　　　　C. ①②③　　　　D. ①②③④

10. 2022年8月13日，习近平总书记给李培生、胡晓春回信，殷切期望他们继续发扬"中国好人"的榜样作用。习近平在回信中说，你们常年在山崖间清洁环境，日复一日呵护着千年迎客松，用心用情守护美丽的黄山，充分体现了（　　）精神。

    A. 敬老孝亲　　B. 勤俭节约　　C. 邻里和睦　　D. 敬业奉献

> 填一填

1. 请同学们阅读教材，将下面空格填写完整。

(1) _____为人类社会所特有，遍及_____、_____、_____、_____的各个角落，不管我们是否意识到，无论我们身在何方，时时处处都会感受到_____的约束或鼓舞。

(2) _____是传统道德的精华部分，是_____的精髓，是_____的不竭源泉。

(3) 以_____为核心是社会主义道德的本质要求，是_____区别于和优越于其他社会形态道德的显著标志。

(4) 社会主义道德建设以_____、_____、_____、_____、_____为基本要求。

(5) 加强新时代公民道德建设，要把_____、_____、_____、_____建设作为着力点，牢固理想信念之基，广泛践行社会主义核心价值观，传承_____，弘扬_____和_____。

2. 通过学习，总结加强新时代公民道德建设的着力点和重点任务。

	加强新时代公民道德建设的着力点和重点任务
四个着力点	
重点任务	

3. 传统道德与中华传统美德的区别与联系。

		传统道德	中华传统美德
区别	内容不同		
	形式不同		
联系			

> 议一议

1. 孔融让梨的故事是中国传统文化中一个非常著名的典故，它体现了尊老爱幼、谦逊礼让的传统美德。在这个故事中，孔融虽然年纪很小，但却展现出了非凡的智慧和品德。他没有因为自己是家里较小的孩子就理所当然地选择最大的梨，反而自觉地拿了最小的梨，认为年纪小的人应该吃小的，大的应该留给年纪大的人。同时，他也意识到自己比最小的弟弟大，因此也愿意将更大的梨留给弟弟。

中华传统美德是人类文明发展的重要精神财富，是社会主义道德建设的源头活水，请结合以上材料，议一议我们应该如何自觉传承中华传统美德？

2. 2018年3月，黄文秀主动请愿，奔赴扶贫第一线，担任百坭村驻村第一书记。她熬夜做方案、跑项目；组织干部群众学经验、引技术；带领村民探索出党建+电商+扶贫模式，在黄文秀的带领下，2018年百坭村的集体经济收入高达6.4万元。2019年6月，黄文秀不幸遭遇突如其来的山洪，献出了年仅30岁的宝贵生命。习近平总书记对黄文秀的高度评价，强调了她在脱贫攻坚中的卓越贡献和青春价值。黄文秀是全心全意为人民服务的青年代表，值得我们缅怀和学习。2021年，黄文秀被授予"七一勋章"。

请结合以上材料，议一议为什么要加强新时代公民道德建设？

活动演练

说一说

1. 中华传统美德常常通过格言、诗句以及杰出人物的感人故事，以润物无声的方式深入人心，如"富贵不能淫，贫贱不能移，威武不能屈""人生自古谁无死，留取丹心照汗青""天下兴亡，匹夫有责"等格言诗句；大禹治水、屈原投江、苏武牧羊、岳飞精忠报国等故事。

◎ 围绕分议题：如何自觉传承中华传统美德？召开中华传统美德故事会，各小组分享中华传统美德故事，找到传承中华传统美德的方法，明确传承中华传统美德的要求。

中华美德故事

> 演一演

2. "扶不扶"现象背后的社会道德困境。小品《扶不扶》中反映的社会现象原本是一个最基本的道德要求,如今却成了一道尴尬的难题。表面上看,源于个体的遭遇使得人们对做好事产生了顾虑;深层次分析起来,无不是一种道德淹没,使得趋利避害与舍生取义发生错位,让不少人面对可能的风险和损失畏葸不前。小品结尾那句"人倒了可以扶起来,人心要是倒了就扶不起来了!"给人很大的心灵震撼。一个简单的"扶不扶"问题,折射出我国当前社会道德在社会转型期遇到的困难。

◎ 围绕分议题:结合道德小品表演,探讨新时代如何加强公民道德建设。

道德小品剧本

实践营地

社会实践任务单

班级		小组成员		组长	
实践项目		实践方法		时间	
实践目的					
实践准备					

实践内容

社会实践体会

评价维度	评价要求	配分	得分
政治认同	坚持马克思主义世界观和方法论，领会中国特色社会主义理论体系，特别是习近平新时代中国特色社会主义思想，增进对伟大祖国、中华民族、中华文化、中国共产党、中国特色社会主义的认同，坚持社会主义核心价值体系，自觉培育和践行社会主义核心价值观。	20	
职业精神	具有积极劳动态度和良好劳动习惯，具有正确职业理想、科学职业观念、良好职业道德和职业行为，具备理性思维、批判质疑、勇于探究的科学精神，能够正确认识和处理社会发展与个人成长的关系，并作出正确价值判断和行为选择，在社会实践中增长才干。	20	
法治意识	具有社会主义法治观念、正确的权利义务观念，尊法学法守法用法，维护宪法尊严，自觉参与社会主义法治国家建设。	20	
健全人格	具有积极心理品质和自尊自信、理性平和、积极向上的心态，能自我调节和管理情绪，做到自立自强、坚韧乐观，提高心理健康水平和职业心理素质。	20	
公共参与	具有主人翁意识，坚持以人民为中心，能够有序参与公共事务、积极承担社会责任。	20	
合计		100	

 **成长回眸**

我的认识：
_____
_____

我的提升：
_____
_____

我的行动：
_____
_____

本课评价：

评价维度	内容	得分			
		自我评价	组长评价	生生评价	老师评价
认知与品质 （30分）	了解道德的特点和作用，理解坚持马克思主义道德观、社会主义道德观，以及新时代加强思想道德建设的意义。				
态度与情感 （30分）	认同中华民族优良道德传统；树立正确的劳动观、职业观、就业观、成才观；培养理性平和、积极向上的良好心态，坚定中国特色社会主义文化自信。				
运用与行动 （40分）	自觉学习榜样，领悟和传递道德力量。运用马克思主义基本立场、观点和方法，观察分析社会生活中的道德现象，并进行正确的价值判断和行为选择。自觉参与新时代公民道德实践，践行社会主义核心价值观。				
合计					

自我评价：优秀(90-100分)　　良好(75-89分)　　合格(60-74分)　　待提高(0-59分)

组长评价：优秀(90-100分)　　良好(75-89分)　　合格(60-74分)　　待提高(0-59分)

生生评价：优秀(90-100分)　　良好(75-89分)　　合格(60-74分)　　待提高(0-59分)

老师评价：优秀(90-100分)　　良好(75-89分)　　合格(60-74分)　　待提高(0-59分)

校外寄语：_____
_____

信息资讯

习言习语

不论时代发生多大变化，不论生活格局发生多大变化，我们都要重视家庭建设，注重家庭、注重家教、注重家风，紧密结合培育和弘扬社会主义核心价值观，发扬光大中华民族传统家庭美德，促进家庭和睦，促进亲人相亲相爱，促进下一代健康成长，促进老年人老有所养，使千千万万个家庭成为国家发展、民族进步、社会和谐的重要基点。

——2015年2月17日，习近平总书记在2015年春节团拜会上的讲话

要学会做人的准则，就要学习和传承中华民族传统美德，学习和弘扬社会主义新风尚，热爱生活，懂得感恩，与人为善，明礼诚信，争当学习和实践社会主义核心价值观的小模范。

——2015年6月1日，习近平总书记在会见中国少年先锋队第七次全国代表大会全体代表时的讲话

人民有信仰，国家有力量，民族有希望。要提高人民思想觉悟、道德水准、文明素养，提高全社会文明程度。广泛开展理想信念教育，深化中国特色社会主义和中国梦宣传教育，弘扬民族精神和时代精神，加强爱国主义、集体主义、社会主义教育，引导人们树立正确的历史观、民族观、国家观、文化观。

——2017年10月18日，习近平总书记在中国共产党第十九次全国代表大会上的报告

青年要把正确的道德认知、自觉的道德养成、积极的道德实践紧密结合起来，不断修身立德，打牢道德根基，在人生道路上走得更正、走得更远。

新时代中国青年要自觉树立和践行社会主义核心价值观，善于从中华民族传统美德中汲取道德滋养，从英雄人物和时代楷模的身上感受道德风范，从自身内省中提升道德修为，明大德、守公德、严私德，自觉抵制拜金主义、享乐主义、极端个人主义、历史虚无主义等错误思想，追求更有高度、更有境界、更有品位的人生，让清风正气、蓬勃朝气遍布全社会！

——2019年4月30日，习近平总书记在纪念五四运动100周年大会上的讲话

推荐网站

（1）人民网，网址为 http://www.people.com.cn/。

（2）中国文明网，网址为 http://zggmddw.com/。

第 2 课
让美德照亮幸福人生

 思维导图

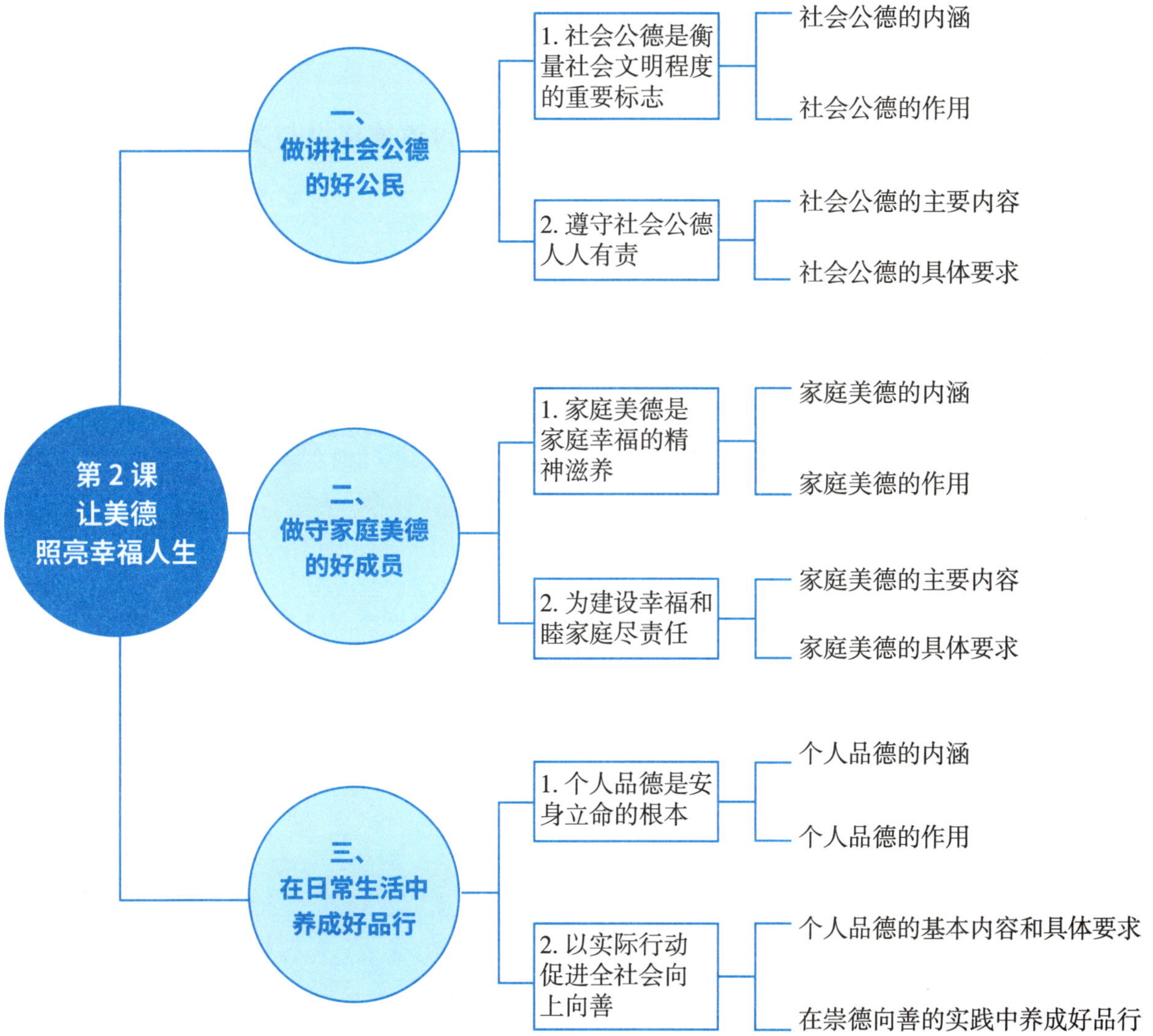

- 第 2 课 让美德照亮幸福人生
  - 一、做讲社会公德的好公民
    - 1. 社会公德是衡量社会文明程度的重要标志
      - 社会公德的内涵
      - 社会公德的作用
    - 2. 遵守社会公德人人有责
      - 社会公德的主要内容
      - 社会公德的具体要求
  - 二、做守家庭美德的好成员
    - 1. 家庭美德是家庭幸福的精神滋养
      - 家庭美德的内涵
      - 家庭美德的作用
    - 2. 为建设幸福和睦家庭尽责任
      - 家庭美德的主要内容
      - 家庭美德的具体要求
  - 三、在日常生活中养成好品行
    - 1. 个人品德是安身立命的根本
      - 个人品德的内涵
      - 个人品德的作用
    - 2. 以实际行动促进全社会向上向善
      - 个人品德的基本内容和具体要求
      - 在崇德向善的实践中养成好品行

目标点击

（1）了解社会公德、家庭美德、个人品德的基本概念、作用及实践要求；理解公民基本道德规范的内容及作用；懂得美德对社会文明、家庭幸福、人生发展的重要性。

（2）感受生活因道德而美好，形成善良的道德意愿、道德情感，感悟崇德向善的道德力量。

（3）自觉传承中华传统美德，增强遵守社会公德、家庭美德和个人品德的自觉性，努力在社会上做一个好公民，在家庭里做一个好成员，在日常生活中养成好品行，以实际行动促进全社会向上向善。

自主预习

观看视频《那些年央视拍的神仙公益广告》，探讨道德建设与美好生活的关系，初步思考总议题：如何让美德照亮人生？

【视频来源：腾讯视频】

学习感悟

课堂探究

素质训练

选一选

1. 一位农民工乘坐公交车时因怕弄脏座椅便坐在了旁边的台阶上。司机发现后，停车将其扶到了座椅上并说："座位脏了，我们可以去擦，没有你们，哪里来的高楼大厦。你们是最应该坐座位的人。"这则生活片段启示我们（　　）。
   ① 要平等对待他人，尊重他人的人格　　② 要学会欣赏他人，给予积极的评价
   ③ 要敢于伸张正义，体会他人的感受　　④ 要学会重视他人，对请求给予帮助
   A. ①②　　　　B. ①③　　　　C. ②④　　　　D. ③④

2. "尊重，是对别人的礼貌，是待人的诚意。"以下做法与这句话的主旨不一致的是（　　）。
   A. 小昊是班里的热心肠，对于同学们的请求总能给予热心的帮助
   B. 小航有许多朋友，因为他善于站在对方的角度思考和解决问题
   C. 小铭是班长，当有同学给别人起不好的外号时，他站出来制止
   D. 小寒在学校里很听老师的话，但是一回到家就对家人大喊大叫

3. 中华文化源远流长，博大精深，值得细细品味。对下列名言解读不正确的是（　　）。
   A. "道不可坐论，德不能轻谈"——做社会主义道德的践行者
   B. "敬人者，人恒敬之"——尊重是相互的
   C. "尺有所短，寸有所长"——要学会欣赏他人
   D. "己所不欲，勿施于人"——尊重自己的意愿，不在乎他人

4. 下列关于社会公德的说法正确的是（　　）。
   A. 网络空间道德建设不属于社会公德建设的内容
   B. 社会公德仅仅体现人与人的关系
   C. 社会公德是衡量社会文明程度的重要标志
   D. 新时代社会公德是中华传统美德的内容

5. 对公园里的花木草地、街道两旁的建筑物、马路上的井盖路标等加以保护，不损坏、不私占，这是社会公德中（　　）的体现。
   A. 爱护公物　　B. 助人为乐　　C. 文明礼貌　　D. 遵纪守法

6. 谚语说:"勤是摇钱树,俭是聚宝盆,奢侈败家门。"这里提倡的家庭美德是（   ）。

   A. 尊老爱幼　　　　　　　　　　B. 夫妻和睦

   C. 勤俭持家　　　　　　　　　　D. 邻里和睦

7. "鸦有反哺之义,羊有跪乳之恩,尊敬老人、孝敬父母是我们每一个炎黄子孙都应弘扬的传统……"对这句话理解正确的是（   ）。

   ①尊老敬老是社会公德的重要内容

   ②新时代我们要继续发扬尊老敬老的传统

   ③尊老敬老是家庭美德教育的重要内容

   ④尊老敬老与时代发展要求的平等不吻合

   A. ①②　　　　B. ②③　　　　C. ③④　　　　D. ②④

8. 下列语句中强调或体现了个人品德中明礼遵规的是（   ）。

   A. 道不可坐论,德不能空谈

   B. 天行健,君子以自强不息

   C. 业精于勤荒于嬉,行成于思毁于随

   D. 矩不正,不可为方;规不正,不可为圆

9. "德不孤,必有邻。""良言一句三冬暖,恶语伤人六月寒。"这些名言警句启示我们（   ）。

   A. 注重家庭美德对个人成长的作用

   B. 不断加强学习、注意观察思考

   C. 注意仪表整洁、举止端庄

   D. 在人际交往中加强个人品德建设

10. 社会公德、职业道德和家庭美德建设,最终都要落实到个人品德的养成上。个人品德是（   ）。

    A. 个人性格中先天固有的道德因素

    B. 社会上实际存在着的道德关系和道德原则规范

    C. 个人在道德行为中偶尔表现出来的内心状态和心理特征

    D. 个人思想境界和道德品质的总和

> 填一填

1. 请同学们阅读教材，将下面空格填写完整。

（1）_____是人们在社会交往和公共生活中应当遵循的行为准则，涵盖了_____、_____、_____之间的关系。

（2）每个人都要践行以_____、_____、_____、_____、_____为主要内容的社会公德，自觉在社会上做一个好公民。

（3）_____是公民在家庭生活中应该遵守的行为准则，对塑造公民_____，促进家庭幸福与社会和谐有重要作用。_____是人生的第一个课堂，_____是孩子的第一任老师。

（4）良好的_____是人际和谐的基础。加强个人品德建设，奠定全社会道德基石。_____、_____、_____等社会道德规范，只有内化为公民的个人品德，外化为自觉的道德行为，社会道德水平才能提高。

（5）个人品德以_____、_____、_____、_____、_____为主要内容。要在崇德向善的实践中感受道德的力量，逐渐在_____中养成好品行。

2. 社会公德、家庭美德与个人品德的区别与联系。

	社会公德	家庭美德	个人品德
区别			
联系	相互影响： 共同构建道德体系： 影响社会秩序： 促进个体全面发展：		

3. 请寻找校园生活中不同场所存在的文明行为和不文明行为，对创建文明校园提出建议。

	文明行为	不文明行为	建议
教室			
宿舍			
食堂			
操场			
实训室			

> 议一议

1. 私德若是"光着脚",公德注定"无法跑"。从集体哄抢到景区泡脚,从高铁占座到公交"动手",违反公德的事件屡屡在网上引发热议。每一次关于事件的深入讨论,都是一次道德教育的过程,也是自我反思的良机。

   请结合以上材料,思考遵守社会公德的重要意义?

2. 习近平总书记指出:"不论时代发生多大变化,不论生活格局发生多大变化,我们都要重视家庭建设,注重家庭、注重家教、注重家风……使千千万万个家庭成为国家发展、民族进步、社会和谐的重要基点。"家是最小国,国是千万家。

   请结合以上材料,议一议家风建设对弘扬家庭美德、营造良好社会风气有什么作用?

活动演练

说一说

1. 中共中央、国务院印发的《新时代公民道德建设实施纲要》明确要求，推动践行以文明礼貌、助人为乐、爱护公物、保护环境、遵纪守法为主要内容的社会公德，鼓励人们在社会上做一个好公民。

"以德为尺，一言一行量长短，议贤为鉴，一举一动察高低。"社会公德往往寓于"小"，如在公交地铁上让座、给提重物的行人搭把手、不在旅游景点乱写乱画、不在网络上爆粗口，等等。但社会公德又小中见"大"，一件小事能反映人内心世界的真实写照，能够看出一个人的道德修养。所谓"勿以恶小而为之，勿以善小而不为"，就是这个道理。因此，社会公德靠一点一滴养成，所谓习惯成自然，把社会公德融入日常生活，养成良好的公德心，能受用终身。

◎围绕分议题：怎样做一个讲社会公德的文明好公民？开展做文明好公民倡议行动，以小组为单位，起草一份好公民倡议书，各小组进行交流，并从倡议书的内容质量、创新性、实用性及感染力等方面评选出最佳倡议书，张贴在教室。

做好公民倡议

写一写

2. 习近平总书记强调："家庭教育涉及很多方面，但最重要的是品德教育，是如何做人的教育。"中共中央、国务院印发的《新时代公民道德建设实施纲要》明确要求，推动践行以尊老爱幼、男女平等、夫妻和睦、勤俭持家、邻里互助为主要内容的家庭美德，鼓励人们在家庭里做一个好成员。

有什么样的家风，就有什么样的家庭。有什么样的家教，就有什么样的人。家庭是人生的第一所学校，追求家庭和顺美满，关键要用良好家教家风涵育道德品行。

◎ 围绕分议题：如何做守家庭美德的好成员？召开名人家风家训分享会，分组搜寻古今名人家风家训，认真抄写，分享诵读并解释含义。

名人家风家训

> 选一选

3. 在庆祝中国共产主义青年团成立 100 周年大会上，习近平总书记要求新时代广大共青团员"做崇德向善、严守纪律的模范，带头明大德、守公德、严私德，严格遵纪守法，严格履行团员义务"。青年只有自觉践行社会主义核心价值观，以道德浸润心灵，以纪律规范行为，才能扣好人生第一粒扣子，为自身成长成才提供更为主动的精神力量，为党和国家事业发展注入源源不断的青春力量。

◎ 围绕分议题：怎样在日常生活中自觉践行崇德向善？进行"班级之星"推选活动，全班分小组，根据学生表现写出守纪之星、文明之星、助人之星、闪亮之星、激情之星、发展之星、进步之星、健体之星、才艺之星、劳卫之星……的事迹，各小组推选出符合各类型条件的"班级之星"，感受身边榜样的力量。

"班级之星" 事迹

_____

_____

_____

_____

_____

_____

_____

_____

实践营地

社会实践任务单

班级		小组成员		组长	
实践项目		实践方法		时间	
实践目的					
实践准备					
实践内容					

社会实践体会

评价维度	评价要求	配分	得分
政治认同	坚持马克思主义世界观和方法论，领会中国特色社会主义理论体系，特别是习近平新时代中国特色社会主义思想，增进对伟大祖国、中华民族、中华文化、中国共产党、中国特色社会主义的认同，坚持社会主义核心价值体系，自觉培育和践行社会主义核心价值观。	20	
职业精神	具有积极劳动态度和良好劳动习惯，具有正确职业理想、科学职业观念、良好职业道德和职业行为，具备理性思维、批判质疑、勇于探究的科学精神，能够正确认识和处理社会发展与个人成长的关系，并作出正确价值判断和行为选择，在社会实践中增长才干。	20	
法治意识	具有社会主义法治观念、正确的权利义务观念，尊法学法守法用法，维护宪法尊严，自觉参与社会主义法治国家建设。	20	
健全人格	具有积极心理品质和自尊自信、理性平和、积极向上的心态，能自我调节和管理情绪，做到自立自强、坚韧乐观，提高心理健康水平和职业心理素质。	20	
公共参与	具有主人翁意识，坚持以人民为中心，能够有序参与公共事务、积极承担社会责任。	20	
合计		100	

成长回眸

我的认识：
_____
_____

我的提升：
_____
_____

我的行动：
_____
_____

本课评价：

评价维度	内容	得分			
		自我评价	组长评价	生生评价	老师评价
认知与品质（30分）	了解社会公德、家庭美德、个人品德的基本概念、作用及实践要求；理解公民基本道德规范的内容及作用；懂得美德对社会文明、家庭幸福、人生发展的重要性。				
态度与情感（30分）	感受生活因道德而美好，形成善良的道德意愿、道德情感，感悟崇德向善的道德力量。				
运用与行动（40分）	自觉传承中华传统美德，增强遵守社会公德、家庭美德和个人品德的自觉性，努力在社会上做一个好公民，在家庭里做一个好成员，在日常生活中养成好品行，以实际行动促进全社会向上向善。				
合计					

自我评价：优秀(90-100分)　　良好(75-89分)　　合格(60-74分)　　待提高(0-59分)

组长评价：优秀(90-100分)　　良好(75-89分)　　合格(60-74分)　　待提高(0-59分)

生生评价：优秀(90-100分)　　良好(75-89分)　　合格(60-74分)　　待提高(0-59分)

老师评价：优秀(90-100分)　　良好(75-89分)　　合格(60-74分)　　待提高(0-59分)

校外寄语：_____
_____

 信息资讯

———— 习言习语 ————

广大青年要自觉践行社会主义核心价值观，不断养成高尚品格。要以国家富强、人民幸福为己任，胸怀理想、志存高远，投身中国特色社会主义伟大实践，并为之终生奋斗。要加强思想道德修养，自觉弘扬爱国主义、集体主义精神，自觉遵守社会公德、职业道德、家庭美德。要坚持艰苦奋斗，不贪图安逸，不惧怕困难，不怨天尤人，依靠勤劳和汗水开辟人生和事业前程。

——2016年4月26日，习近平总书记在知识分子、劳动模范、青年代表座谈会上的讲话

要广泛宣传道德模范的先进事迹，弘扬道德模范高尚品格，引导人们向道德模范学习，争做崇高道德的践行者、文明风尚的维护者、美好生活的创造者。要培育和践行社会主义核心价值观，推进社会公德、职业道德、家庭美德、个人品德建设，深化群众性精神文明创建活动，着力培养担当民族复兴大任的时代新人，让社会主义道德的阳光温暖人间，让文明的雨露滋润社会，为奋进新时代、共筑中国梦提供强大精神力量和道德支撑。

——2019年9月，习近平总书记对全国道德模范表彰活动作出的重要指示

要深入开展群众性精神文明创建活动，广泛开展社会公德、职业道德、家庭美德、个人品德教育，不断提升人民文明素养和社会文明程度。要加强公共文化设施建设，推动文化产业高质量发展，更好满足人民精神文化生活新期待。

——2020年10月14日，习近平总书记在深圳经济特区建立40周年庆祝大会上的讲话

越是深化改革、扩大开放，越要加强精神文明建设。要持之以恒抓好理想信念教育，培育和弘扬社会主义核心价值观，广泛开展群众性精神文明创建活动，不断提升人民文明素养和社会文明程度。要加强诚信建设，倡导遵纪守法、诚实守信的社会风尚。

——2022年4月13日，习近平总书记在海南考察时的讲话

推荐网站

（1）中国共产党新闻网，网址为 http：//cpc.people.com.cn/。

（2）中华人民共和国人力资源和社会保障部网站，网址为 http：//www.mohrss.gov.cn/gzfls/。

第二单元

践行职业道德

第 3 课
增强职业道德意识

 思维导图

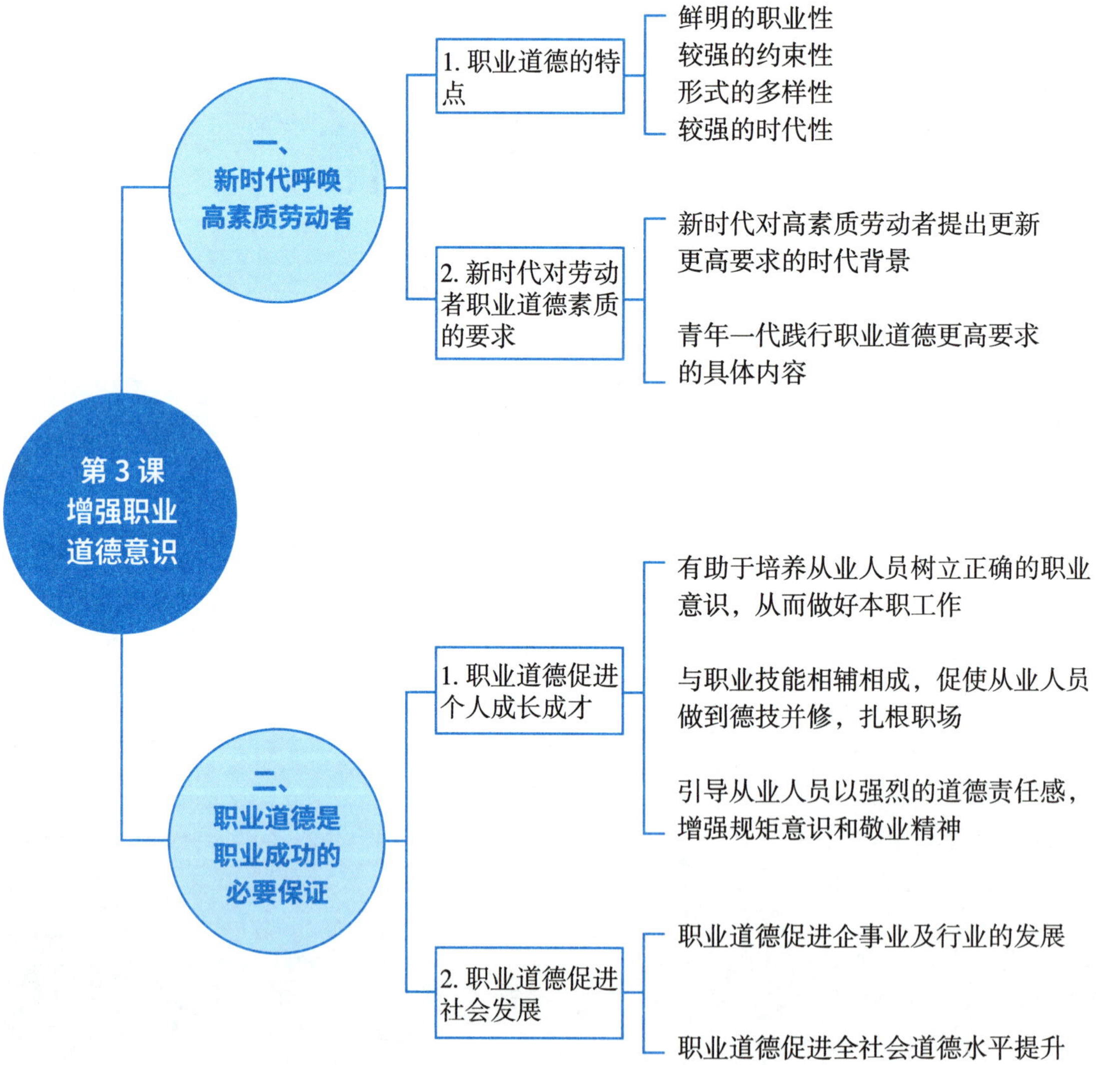

- 一、新时代呼唤高素质劳动者
  - 1. 职业道德的特点
    - 鲜明的职业性
    - 较强的约束性
    - 形式的多样性
    - 较强的时代性
  - 2. 新时代对劳动者职业道德素质的要求
    - 新时代对高素质劳动者提出更新更高要求的时代背景
    - 青年一代践行职业道德更高要求的具体内容

- 第 3 课 增强职业道德意识

- 二、职业道德是职业成功的必要保证
  - 1. 职业道德促进个人成长成才
    - 有助于培养从业人员树立正确的职业意识，从而做好本职工作
    - 与职业技能相辅相成，促使从业人员做到德技并修，扎根职场
    - 引导从业人员以强烈的道德责任感，增强规矩意识和敬业精神
  - 2. 职业道德促进社会发展
    - 职业道德促进企事业及行业的发展
    - 职业道德促进全社会道德水平提升

第3课　增强职业道德意识

目标点击

（1）了解职业道德的内涵和特点；掌握职业道德对促进社会发展和个人岗位成才的必要性；理解新时代对劳动者职业素质的要求以及我国加快建设制造强国与高素质劳动者的关系。

（2）感悟职业道德对营造劳动光荣的社会风尚和精益求精的敬业风气的重要作用。认同和拥护中国特色社会主义制度，养成自立自强、敬业乐群的心理品质和积极向上的良好心态。

（3）运用马克思主义基本立场、观点和方法，观察分析职业道德现象，并进行正确价值判断和行为选择，以强烈的道德责任感奉献社会，勇于担当社会责任。

自主预习

观看视频《感动中国2023十大人物之——科学家俞鸿儒》，初步思考总议题：为什么说职业道德是职业成功的必要保证？

【视频来源：京报网】

学习感悟

课堂探究

素质训练

选一选

1. 职业道德集中体现了职业责任和义务的行为规范,其中不仅包含着职业纪律的一般要求,一些内容还以立法的形式加以约束。这体现了职业道德（　　）的特点。
   A. 普遍的行业性　　　　　　　　B. 形式的多样性
   C. 职业的广泛性　　　　　　　　D. 较强的约束性

2. 教育、科技、人才是全面建设社会主义现代化国家的基础性、战略性支撑。必须坚持_____是第一生产力、_____是第一资源、_____是第一动力,实施科教兴国、人才强国、创新驱动发展战略。（　　）
   A. 科技　人才　创新　　　　　　B. 科技　教育　人才
   D. 人才　劳动力　科技　　　　　C. 创新　教育　人才

3. 我国已经迈上了全面建设社会主义现代化国家的新征程,（　　）是全面建设社会主义现代化国家的首要任务。
   A. 高速增长　　　　　　　　　　B. 改革开放
   C. 提高劳动者素质　　　　　　　D. 高质量发展

4. 下列关于职业道德和职业技能关系的说法准确的是（　　）。
   A. 职业技能比职业道德更重要　　B. 提高职业道德能够促进职业技能提升
   C. 有了职业道德就能掌握职业技能　D. 职业道德与职业技能互不关联

5. 某家著名老字号餐饮企业,在一百多年的发展历程中,坚守"全而无缺""仁德至上"的道德理念,确保了该企业金字招牌长盛不衰。而某家世界500强企业长期在财务报表上造假隐瞒债务,哄抬股票价格,失去大众信任,最终倒闭。这些事例生动说明,职业道德是（　　）。
   ①企事业及行业持续发展的内在动力　②企事业及行业兴衰存亡的物质条件
   ③关乎企事业及行业形象的重要因素　④决定企事业及行业发展的核心竞争力
   A. ①②　　　　B. ③④　　　　C. ②④　　　　D. ①③

6. 如果各行各业的劳动者都认真践行职业道德规范，全民族的道德素质就会大幅提升，全社会就能够形成良好的道德风貌。这主要说明职业道德能够（   ）。

   A. 促进企事业及行业发展　　　　　　B. 提升从业人员技能水平

   C. 确保提升国家竞争力　　　　　　　D. 促进全社会道德水平

7. （   ）是公民道德建设的重要内容，是激励从业人员做好本职工作的精神动力。

   A. 个人品德　　　　　　　　　　　　B. 职业道德

   C. 家庭美德　　　　　　　　　　　　D. 社会公德

8. 与社会公德、家庭美德、个人品德相比，职业道德有鲜明的职业性、较强的约束性、形式的多样性、（   ）等特点。

   A. 较强的时代性　　　　　　　　　　B. 极大的感染性

   C. 很强的说服力　　　　　　　　　　D. 独特的社会性

9. （   ）是个人在社会中生存、发展的手段，也是个人实现人生价值、为社会作贡献的舞台。

   A. 家庭　　　　　B. 职业　　　　　C. 学校　　　　　D. 社区

10. 职业道德是道德重要组成部分，它是从业人员在职业活动中应当遵循的具有职业特征的道德准则和行为规范，主要涉及从业人员与服务对象之间、（   ）、不同职业之间的关系。

    A. 单位与个人之间　　　　　　　　　B. 职业与职工之间

    C. 职业与服务对象之间　　　　　　　D. 从业人员与从业人员之间

> 填一填

1. 请同学们阅读教材，将下面空格填写完整。

(1) _____ 和 _____ 相辅相成，相互促进。只有具备 _____ ，自觉践行职业道德规范的从业人员才能扎根职场。

(2) 当代中国青年生逢其时，施展才干的舞台无比广阔，实现梦想的前景无比光明。我们要坚定不移 _____ 、_____ ，提升强国有我的 _____ 和 _____ 。

(3) 与社会公德、家庭美德、个人品德相比，职业道德有鲜明的 _____ 、较强的 _____ 、形式的 _____ 、较强的 _____ 等特点。

(4) 职业道德随着社会制度和社会生活的发展，体现出鲜明的 _____ 。每个行业都有共同的 _____ ，也有各自独特的 _____ 。

(5) 职业是个人在社会中生存发展的手段，也是个人实现 _____ 、为社会作贡献的舞台。在这个广阔舞台上，遵守 _____ 是对每个从业人员的基本要求。

2. 道德与职业道德的区别与联系。

		道德	职业道德
区别	内容不同		
	适用范围		
	约束力度		
联系			

3. 通过学习从以下两个方面进行归纳整理，说一说为什么职业道德是职业成功的重要保证？

	职业道德是职业成功的重要保证
职业道德促进个人成长成才	
职业道德促进社会发展	

> **议一议**

1. 习近平总书记在党的二十大报告中指出,"培养造就大批德才兼备的高素质人才,是国家和民族长远发展大计",并对深入实施新时代人才强国战略作出全面部署。这是以习近平同志为核心的党中央从统筹中华民族伟大复兴战略全局和世界百年未有之大变局的战略高度,对加快人才强国作出的战略谋划,对于全面建设社会主义现代化国家、实现中华民族伟大复兴的中国梦具有重大意义。

   请结合以上材料,谈谈全面建成社会主义现代化强国对劳动者的职业道德素质提出了哪些更高要求?

2. 火箭"心脏"焊接人——高凤林是中国航天科技集团一院首都航天机械公司特种熔融焊接高级技师。他40余载深耕航天一线,助力超160枚长征系列火箭升空,贡献卓越。在"长征五号"发动机喷管上,他以精湛技艺焊接数百根细如发丝、壁厚仅0.33毫米的空心管线,焊缝精密,总长达足球场两圈周长。焊接不仅需要高超的技术,更需要细致严谨。高凤林说,在焊接时得紧盯着微小的焊缝,一眨眼就会有闪失。"如果这道工序需要十分钟不眨眼,那就十分钟不眨眼。"他用40余载的坚守,诠释了一个航天匠人对理想信念的执着追求。这就是高凤林,一个追求极致、传承坚守的"大国工匠"!

   请结合大国工匠高凤林的事迹,探讨职业道德对促进个人成长成才有什么作用?

第 3 课 增强职业道德意识

活动演练

写一写

1. 《2023 年新职业发展趋势白皮书》数据显示，已经有 17.5% 的年轻人在尝试传统行业以外的新职业，58.5% 的年轻人对新职业抱有强烈兴趣。当前很多新业态、新职业的出现，为年轻人就业带来新选择。民宿管家、外卖运营师、调饮师、数字孪生应用技术员、整理收纳师、农业数字化技术员、增强现实 3D 打印操作员、陪诊师等新职业让更多的年轻人看到了在传统赛道之外的更加丰富的人生。

◎围绕分议题：新职业对劳动者的职业道德素质提出了哪些新要求？小组合作介绍新职业的产生和发展现状，同时创编有新职业特点的岗位道德顺口溜，并进行小组展示交流。新职业岗位道德顺口溜不仅要概括各职业的核心职业道德要求，而且还要融入新职业对劳动者的新要求。

新职业顺口溜

> **列一列**

2. 一个推崇敬业乐业的民族，必定是令人肃然起敬的民族；一个弘扬职业理想的社会，必定是一个活力涌流、文明进步的社会。2019年发布的《新时代公民道德建设实施纲要》要求，"推动践行以爱岗敬业、诚实守信、办事公道、热情服务、奉献社会为主要内容的职业道德，鼓励人们在工作中做一个好建设者"。明确职业道德内涵、倡导践行职业道德，不仅是新时代公民道德建设的重要内容，也是培育和践行社会主义核心价值观、弘扬民族精神和时代精神的内在要求，对于推进中国特色社会主义事业、建设社会主义现代化国家具有重要意义。

◎围绕分议题：职业道德如何促进社会发展和个人成才？写出自己的职业道德提升计划。从所学专业对应的职业群中选择喜欢的一个职业，写出其职业道德规范，找出努力方向，从职业道德、职业技能、职业素养等方面列出自己的提升计划。

我的提升计划

 **实践营地**

社会实践任务单

班级		小组成员		组长	
实践项目		实践方法		时间	
实践目的					
实践准备					
实践内容					

社会实践体会

评价维度	评价要求	配分	得分
政治认同	坚持马克思主义世界观和方法论，领会中国特色社会主义理论体系，特别是习近平新时代中国特色社会主义思想，增进对伟大祖国、中华民族、中华文化、中国共产党、中国特色社会主义的认同，坚持社会主义核心价值体系，自觉培育和践行社会主义核心价值观。	20	
职业精神	具有积极劳动态度和良好劳动习惯，具有正确职业理想、科学职业观念、良好职业道德和职业行为，具备理性思维、批判质疑、勇于探究的科学精神，能够正确认识和处理社会发展与个人成长的关系，并作出正确价值判断和行为选择，在社会实践中增长才干。	20	
法治意识	具有社会主义法治观念、正确的权利义务观念，尊法学法守法用法，维护宪法尊严，自觉参与社会主义法治国家建设。	20	
健全人格	具有积极心理品质和自尊自信、理性平和、积极向上的心态，能自我调节和管理情绪，做到自立自强、坚韧乐观，提高心理健康水平和职业心理素质。	20	
公共参与	具有主人翁意识，坚持以人民为中心，能够有序参与公共事务、积极承担社会责任。	20	
合计		100	

 成长回眸

我的认识：

我的提升：

我的行动：

本课评价：

评价维度	内容	得分			
		自我评价	组长评价	生生评价	老师评价
认知与品质（30分）	了解职业道德的内涵和特点；掌握职业道德对促进社会发展和个人岗位成才的必要性；理解新时代对劳动者职业素质的要求以及我国加快建设制造强国与高素质劳动者的关系。				
态度与情感（30分）	感悟职业道德对营造劳动光荣的社会风尚和精益求精的敬业风气的重要作用。认同和拥护中国特色社会主义制度，养成自立自强、敬业乐群的心理品质和积极向上的良好心态。				
运用与行动（40分）	运用马克思主义基本立场、观点和方法，观察分析职业道德现象，并进行正确价值判断和行为选择，以强烈的道德责任感奉献社会，勇于担当社会责任。				
合计					

自我评价：优秀（90－100分）　　良好（75－89分）　　合格（60－74分）　　待提高（0－59分）

组长评价：优秀（90－100分）　　良好（75－89分）　　合格（60－74分）　　待提高（0－59分）

生生评价：优秀（90－100分）　　良好（75－89分）　　合格（60－74分）　　待提高（0－59分）

老师评价：优秀（90－100分）　　良好（75－89分）　　合格（60－74分）　　待提高（0－59分）

校外寄语：

信息资讯

习言习语

精神的力量是无穷的，道德的力量也是无穷的。中华文明源远流长，蕴育了中华民族的宝贵精神品格，培育了中国人民的崇高价值追求。自强不息、厚德载物的思想，支撑着中华民族生生不息、薪火相传，今天依然是我们推进改革开放和社会主义现代化建设的强大精神力量。

——2013年9月26日，习近平总书记在会见第四届全国道德模范及提名奖获得者时的讲话

国无德不兴，人无德不立。必须加强全社会的思想道德建设，激发人们形成善良的道德意愿、道德情感，培育正确的道德判断和道德责任，提高道德实践能力尤其是自觉践行能力，引导人们向往和追求讲道德、尊道德、守道德的生活，形成向上的力量、向善的力量。只要中华民族一代接着一代追求美好崇高的道德境界，我们的民族就永远充满希望。

——2013年11月24日至28日，习近平总书记在山东考察时的讲话

要持续深化社会主义思想道德建设，弘扬中华传统美德，弘扬时代新风，用社会主义核心价值观凝魂聚力，更好构筑中国精神、中国价值、中国力量，为中国特色社会主义事业提供源源不断的精神动力和道德滋养。

——2015年10月，习近平总书记对全国道德模范表彰活动作出的批示

要培育和践行社会主义核心价值观，推进社会公德、职业道德、家庭美德、个人品德建设，深化群众性精神文明创建活动，着力培养担当民族复兴大任的时代新人，让社会主义道德的阳光温暖人间，让文明的雨露滋润社会，为奋进新时代、共筑中国梦提供强大精神力量和道德支撑。

——2019年9月，习近平总书记对全国道德模范表彰活动作出的指示

推荐网站

(1) 央视网新闻频道，网址为 https://news.cctv.com/。
(2) 学习强国，网址为 https://www.xuexi.cn/。

第 4 课
在工作中做合格建设者

 思维导图

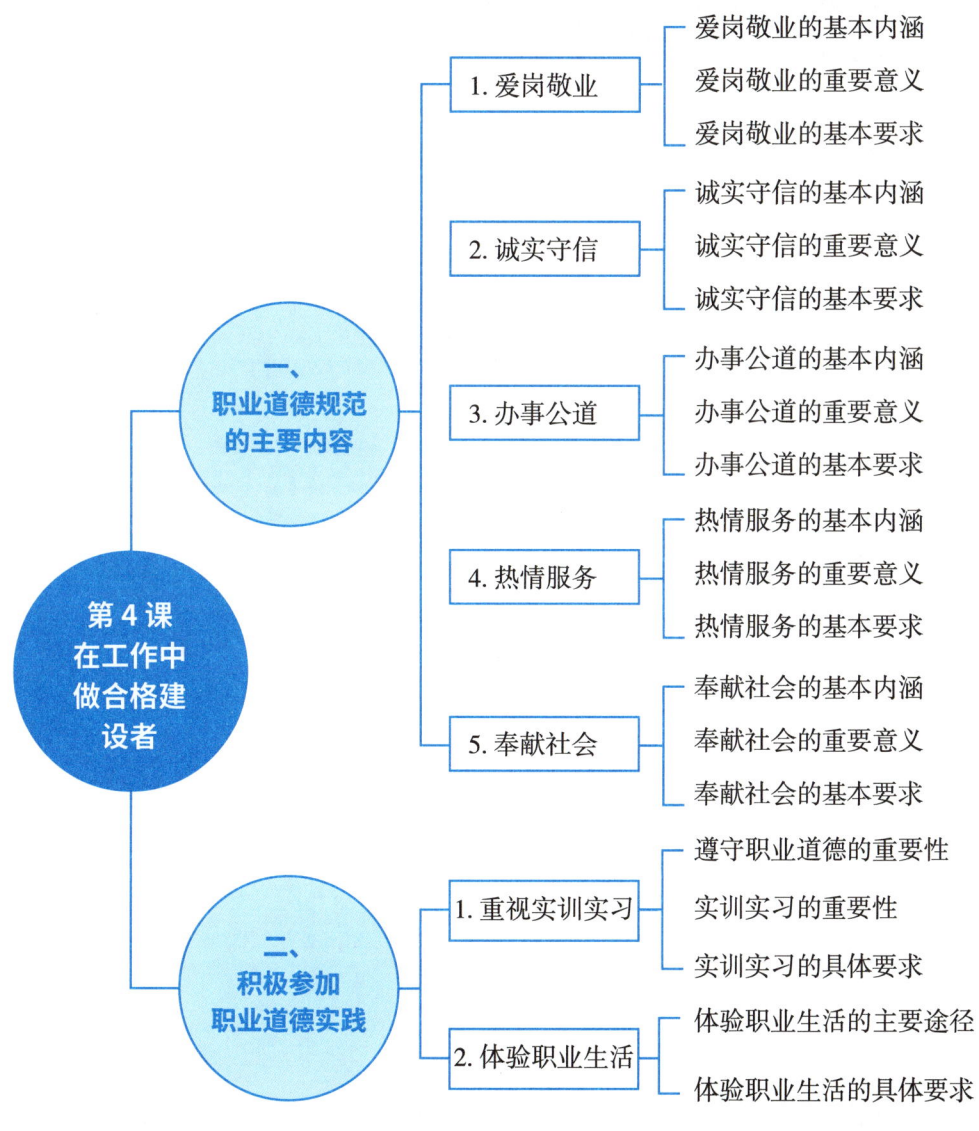

 目标点击

（1）理解职业道德规范的主要内容和意义，增强学习和践行职业道德规范的自觉性，懂得职业道德实践对职业发展和人生成长的意义。

（2）领会职业道德基本规范内容，自觉践行社会主义核心价值观，增强学习和践行职业道德规范的自觉性，为养成良好职业道德习惯打下基础。强化干一行、爱一行、钻一行的意识。

（3）自觉在职业活动中遵守职业道德基本规范，积极参与职业道德实践，树立远大志向，努力在工作中做一个合格建设者。

 自主预习

观看视频《中国好青年》，初步思考总议题：如何做到"干一行、爱一行、专一行"？

【视频来源：学习强国】

学习感悟

课堂探究

———— 素质训练 ————

选一选

1. 敬业是一种对待职业应有的态度,核心要求是(   )。
   A. 认真工作,得到领导的好评　　B. 努力工作,挣钱养家
   C. 完成领导交给的任务　　　　　D. 对待工作勤奋努力,精益求精,尽职尽责

2. 当你的同事把商品的实际情况告诉顾客,使得交易没有达成,你认为正确的观点是(   )。
   A. 损害了公司的利益,是一种不敬业的表现
   B. 损害了公司的的名誉,是一种泄密行为
   C. 损害了公司的的名誉,是一种背叛行为
   D. 尽管损害了公司的利益,但维护了公司信誉

3. A食品公司践行"质量第一"的承诺,受到广大消费者信任,在市场竞争中长期立于不败之地。B食品公司经常用过期月饼制作糕点,经媒体曝光后,最终破产倒闭,相关人员受到了法律制裁。这说明诚实守信是(   )。
   ①职业道德的基础和核心
   ②企事业立业之本、兴业之基
   ③从业人员做好工作的必要条件
   ④职业道德的最高境界
   A. ①④　　　B. ②③　　　C. ①④　　　D. ③④

4. 下列对办事公道职业道德规范说法正确的是(   )。
   ①办事公道是从业人员必备的职业素质
   ②办事公道要求无论亲疏远近都一视同仁,属于不近人情、不通事理
   ③所有从业人员很难都做到办事公道
   ④办事公道要秉持公心,客观公正,按章办事
   A. ②③　　　B. ①③　　　C. ①④　　　D. ③④

5. 如果各行各业的劳动者都认真践行职业道德规范，全民族的道德素质就会大幅提升，全社会就能够形成良好的道德风貌。这主要说明职业道德能够（   ）。

   A. 促进企事业及行业发展　　　　B. 提升从业人员技能水平

   C. 确保提升国家竞争力　　　　　D. 促进全社会道德水平提升

6. 体现职业道德最高境界的规范是（   ）。

   A. 爱岗敬业　　　　　　　　　　B. 诚实守信

   C. 办事公道　　　　　　　　　　D. 奉献社会

7. 某顾客在商场挑选商品时花了很长时间，仍然犹豫不决。这时售货员可能有以下几种做法，你认为最符合"服务群众"这一职业道德要求的是（   ）。

   A. "选好了没有"

   B. "选好了吗？那边还有好多顾客等着呢！"

   C. "需要帮忙吗？"

   D. "所有商品的质量都是一样的。"

8. 小王是一名烹饪专业学生，他非常重视实训实习，每逢节假日都会到一些酒店去打工实践，赢得了酒店领导和同事的好评，他的烹调水平快速提升，在烹饪大赛中获得市级一等奖，小王取得好成绩的关键是（   ）。

   A. 天赋是成功的关键

   B. 机遇很重要

   C. 老师和同事的帮助是他成功的关键

   D. 积极参加社会实践是他提升技能的关键

9. 你在实训实习时遇到技术难题，错误的做法是（   ）。

   A. 寻求老师、同学的帮助　　　　B. 置之不理、知难而退

   C. 向同行、师傅学习　　　　　　D. 认真钻研，勤学苦练

10. 下列对爱岗敬业这一职业道德规范说法正确的是（   ）。

    A. 市场经济鼓励人们自主创业，提倡爱岗敬业不合时宜

    B. 做到爱岗敬业，就要一辈子从事一种工作，无私奉献

    C. 爱岗敬业阻碍了人们的择业自由

    D. 爱岗敬业提倡干一行、爱一行、专一行

填一填

1. 请同学们阅读教材，将下面空格填写完整。

> （1）爱岗敬业集中体现为_____、_____、_____。要培养职业的责任感和使命感，_____，尊重职业，_____，实现自身价值；要_____，认真负责，刻苦勤奋；要_____，不断创新，追求卓越，争创一流。
>
> （2）诚实守信，要求从业人员在职业活动中_____、合法经营、_____。要以诚实的态度、实干的精神、勤勉的作风踏实工作；要_____、履行合同，不弄虚作假、欺诈蒙骗，自觉维护个人信誉和集体荣誉。
>
> （3）热情服务，要求从业人员在职业活动中善于从_____的角度考虑问题，尽可能提供_____服务。
>
> （4）奉献社会，是从业人员在工作岗位上全心全意为社会作_____、为人民谋福祉的表现，是爱岗敬业、_____、办事公道、_____的升华，是职业道德的最高境界。
>
> （5）实训实习是职业学校教育教学的重要组成部分，是我们走上工作岗位前较为系统的_____实践，是学习_____、践行_____规范的宝贵机会，是提升职业道德素质的重要途径。

2. 职业道德规范的内涵。

	内涵	榜样人物
爱岗敬业		
诚实守信		
办事公道		
热情服务		
奉献社会		

3. 实习、跟岗实习与顶岗实习的区别与联系。

		实习	跟岗实习	顶岗实习
区别	从内涵上			
	从组织形式上			
	从任务量上			
	从难度上			
联系				

议一议

1. 宗庆后，浙江杭州人，中国共产党党员，全国劳动模范，全国五一劳动奖章获得者，优秀中国特色社会主义事业建设者，改革开放40年百名杰出民营企业家，第十、第十一、第十二届全国人大代表，中国共产党浙江省第十二、第十三、第十四届代表大会代表，娃哈哈集团创始人、董事长。在2022年接受央视记者王冰冰的采访中，宗庆后曾回应实验用水说法，表示"我们的纯度比较高"。此外，王冰冰看着标签上的净含量提出了这样一个疑问，"为什么净含量不是整数，596是不是有什么特殊意义？"而答案有些出人意料，宗庆后向王冰冰解释道："当时想做600 ml的，但是生产出来发现只有596 ml，多少就是多少，我们不能欺骗消费者。"宗庆后常说："品牌的一半是质量，一半是诚信。"

请结合以上材料，从职业道德的角度，如何看待娃哈哈纯净水596 ml这一数字。在职业生活中，应该如何践行诚实守信。

2. 材料1：2021年12月，教育部等八部门对《职业学校学生实习管理规定》进行了修订，提出了实习组织、实习管理、实习考核、安全职责和保障措施等全链条、全过程的基本要求，针对实习关键节点明确了行为准则，提出1个"严禁"、27个"不得"，为实习管理划出了底线和"红线"，对实习参与各方的责任、权利和义务作出了刚性约束。

材料2：2022年12月，中共中央办公厅、国务院办公厅印发了《关于深化现代职业教育体系建设改革的意见》强调，"鼓励学校、企业以'校中校''厂中校'的方式共建一批实践中心，服务职业学校学生实习实训、企业员工培训、产品中试、工艺改进、技术研发等"。

请结合以上材料和自身体验，谈谈中职生进行实习实训的重要性。

活动演练

演一演

1. 张连钢"敢为人先，建设智慧港口"。他破解了十几项世界级难题，建成了当今世界上自动化程度最高、作业效率最高的青岛港自动化集装箱码头，先后7次刷新世界纪录。赵庆祥"敬业奉献，守护万家灯火"。22年来他坚持在条件艰苦的供电抢修一线，参与抢修排险4万余次、为客户挽救资产上亿元；被同事们成为"抢修活地图"，被客户誉为"电力110"。

◎围绕分议题：职业道德规范的内容和意义有哪些？小组进行职业道德规范模拟情景剧展示。结合本专业职业道德要求，全班同学分组从爱岗敬业、诚实守信、办事公道、热情服务、奉献社会五个内容选取表演主题，每组选择一个情景进行排练和演出。理解职业道德规范内容、意义和要求。

职场模拟剧本

聊一聊

2. 有的同学认为践行职业道德最好的途径是重视实习实训；有的同学认为等到了工作岗位上，职业道德就会自然形成；还有的同学认为践行职业道德不仅要注重实习实训，日常生活中养成好习惯也很重要。邀请优秀实习生召开实习实训交流会，理解实习实训的重要性，明确践行职业道德的途径和方法。

◎ 围绕分议题：如何践行职业道德？开展实习实训交流会，写出自己实习实训的工作内容、工作流程、遇到的问题及解决方案等。围绕实训项目，分享实训过程中的技术难点、解决思路及成果展示。

实习实训复盘

 **实践营地**

社会实践任务单

班级		小组成员		组长	
实践项目		实践方法		时间	
实践目的					
实践准备					
实践内容					

社会实践体会

评价维度	评价要求	配分	得分
政治认同	坚持马克思主义世界观和方法论，领会中国特色社会主义理论体系，特别是习近平新时代中国特色社会主义思想，增进对伟大祖国、中华民族、中华文化、中国共产党、中国特色社会主义的认同，坚持社会主义核心价值体系，自觉培育和践行社会主义核心价值观。	20	
职业精神	具有积极劳动态度和良好劳动习惯，具有正确职业理想、科学职业观念、良好职业道德和职业行为，具备理性思维、批判质疑、勇于探究的科学精神，能够正确认识和处理社会发展与个人成长的关系，并作出正确价值判断和行为选择，在社会实践中增长才干。	20	
法治意识	具有社会主义法治观念、正确的权利义务观念，尊法学法守法用法，维护宪法尊严，自觉参与社会主义法治国家建设。	20	
健全人格	具有积极心理品质和自尊自信、理性平和、积极向上的心态，能自我调节和管理情绪，做到自立自强、坚韧乐观，提高心理健康水平和职业心理素质。	20	
公共参与	具有主人翁意识，坚持以人民为中心，能够有序参与公共事务、积极承担社会责任。	20	
合计		100	

 成长回眸

我的认识：
_____
_____

我的提升：
_____
_____

我的行动：
_____
_____

本课评价：

评价维度	内容	得分			
		自我评价	组长评价	生生评价	老师评价
认知与品质（30分）	理解职业道德规范的主要内容和意义，增强学习和践行职业道德规范的自觉性，懂得职业道德实践对职业发展和人生成长的意义。				
态度与情感（30分）	领会职业道德基本规范内容，自觉践行社会主义核心价值观，增强学习和践行职业道德规范的自觉性，为养成良好职业道德习惯打下基础。强化干一行、爱一行、钻一行的意识。				
运用与行动（40分）	自觉在职业活动中遵守职业道德基本规范，积极参与职业道德实践，树立远大志向，努力在工作中做一个合格建设者。				
合计					

自我评价：优秀(90-100分)　　良好(75-89分)　　合格(60-74分)　　待提高(0-59分)
组长评价：优秀(90-100分)　　良好(75-89分)　　合格(60-74分)　　待提高(0-59分)
生生评价：优秀(90-100分)　　良好(75-89分)　　合格(60-74分)　　待提高(0-59分)
老师评价：优秀(90-100分)　　良好(75-89分)　　合格(60-74分)　　待提高(0-59分)
校外寄语：_____
_____

信息资讯

———— 习言习语 ————

任何一名劳动者，无论从事的劳动技术含量如何，只要勤于学习、善于实践，在工作上兢兢业业、精益求精，就一定能够造就闪光的人生。

——2016年4月26日，习近平总书记在知识分子、劳动模范、青年代表座谈会上的讲话

全国广大青年要深刻了解近代以来中国人民和中华民族不懈奋斗的光荣历史和伟大历程，坚定不移跟着中国共产党走，勇做走在时代前列的奋进者、开拓者、奉献者，让青春在为祖国、为人民、为民族的奉献中焕发出绚丽光彩！

——2016年7月1日，习近平总书记在庆祝中国共产党成立95周年大会上的讲话

新时代中国青年要珍惜这个时代、担负时代使命，在担当中历练，在尽责中成长，让青春在新时代改革开放的广阔天地中绽放，让人生在实现中国梦的奋进追逐中展现出勇敢奔跑的英姿，努力成为德智体美劳全面发展的社会主义建设者和接班人！

——2019年4月30日，习近平总书记在纪念五四运动100周年大会上的讲话

英雄模范们用行动再次证明，伟大出自平凡，平凡造就伟大。只要有坚定的理想信念、不懈的奋斗精神，脚踏实地把每件平凡的事做好，一切平凡的人都可以获得不平凡的人生，一切平凡的工作都可以创造不平凡的成就。

——2019年9月29日，习近平总书记在国家勋章和国家荣誉称号颁授仪式上的讲话

要做艰苦奋斗、无私奉献的模范，带头站稳人民立场，脚踏实地、求真务实，吃苦在前、享受在后，甘于做一颗永不生锈的螺丝钉。

——2022年5月10日，习近平总书记在庆祝中国共青团成立100周年大会上的讲话

推荐网站

（1）中国文明网，网址为 http：//www.wenming.cn/。

（2）共产党员网，网址为 www.12371.cn。

第 5 课
弘扬劳动精神、劳模精神、工匠精神

 **思维导图**

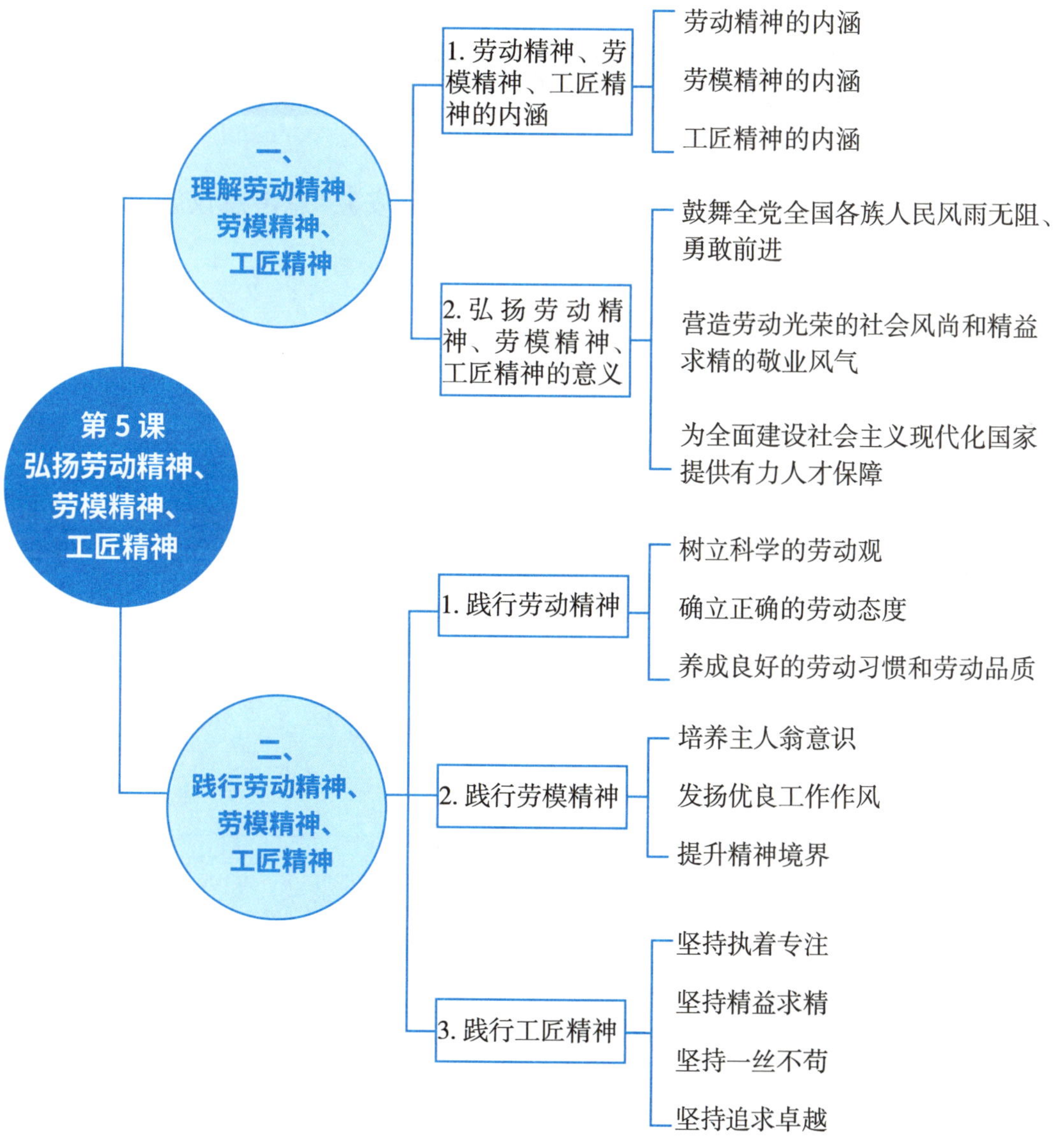

```
第5课
弘扬劳动精神、
劳模精神、
工匠精神
├── 一、理解劳动精神、劳模精神、工匠精神
│   ├── 1. 劳动精神、劳模精神、工匠精神的内涵
│   │   ├── 劳动精神的内涵
│   │   ├── 劳模精神的内涵
│   │   └── 工匠精神的内涵
│   └── 2. 弘扬劳动精神、劳模精神、工匠精神的意义
│       ├── 鼓舞全党全国各族人民风雨无阻、勇敢前进
│       ├── 营造劳动光荣的社会风尚和精益求精的敬业风气
│       └── 为全面建设社会主义现代化国家提供有力人才保障
└── 二、践行劳动精神、劳模精神、工匠精神
    ├── 1. 践行劳动精神
    │   ├── 树立科学的劳动观
    │   ├── 确立正确的劳动态度
    │   └── 养成良好的劳动习惯和劳动品质
    ├── 2. 践行劳模精神
    │   ├── 培养主人翁意识
    │   ├── 发扬优良工作作风
    │   └── 提升精神境界
    └── 3. 践行工匠精神
        ├── 坚持执着专注
        ├── 坚持精益求精
        ├── 坚持一丝不苟
        └── 坚持追求卓越
```

目标点击

（1）了解劳动精神、劳模精神、工匠精神的内涵；理解新时代弘扬劳动精神、劳模精神、工匠精神的意义；认识劳动没有高低贵贱之分，任何职业都光荣的道理。

（2）树立科学的劳动观、职业观和成才观，坚定通过辛勤劳动、诚实劳动、创造性劳动实现自身发展的信念，体会以先进模范引领道德风尚的作用。

（3）自觉向劳动模范和大国工匠学习，践行劳动精神、劳模精神和工匠精神，形成良好的职业行为习惯，以劳动模范、大国工匠为榜样，在日常生活和实训实习中勇于担当社会责任。

自主预习

观看视频《冯新岩："电网神探"守护万家灯火平安》，思考总议题：怎样才能在平凡岗位上作出不平凡业绩？

【视频来源：央视网】

学习感悟

课堂探究

素质训练

选一选

1. 大力弘扬劳动精神、（　　）、工匠精神，有助于鼓舞全党全国各族人民风雨无阻、勇敢前进。
   A. 工匠精神　　　　　　　　B. 奉献精神
   C. 劳模精神　　　　　　　　D. 创新精神

2. （　　）是一切幸福的源泉，是推动人类社会进步的根本力量。
   A. 创造　　　　　　　　　　B. 劳动
   C. 创新　　　　　　　　　　D. 改革

3. 一切劳动者，只要肯学肯干肯钻研，练就一身真（　　），掌握一手好技术，就能立足岗位成长成才，就都能在劳动中发现广阔的天地，在劳动中体现价值、展现风采、感受快乐。
   A. 本领　　　　　　　　　　B. 技能
   C. 技术　　　　　　　　　　D. 能力

4. 党的十九大报告指出，建设知识型、技能型、创新型劳动者大军，弘扬劳模精神和（　　），营造劳动光荣的社会风尚和精益求精的敬业风气。
   A. 工匠精神　　　　　　　　B. 奉献精神
   C. 创新精神　　　　　　　　D. 吃苦耐劳精神

5. 劳动没有高低贵贱之分，无论从事什么劳动都是光荣的，这体现了（　　）。
   A. 科学的劳动观　　　　　　B. 正确的择业观
   C. 正确的世界观　　　　　　D. 科学的发展观

6. 践行劳模精神要做到（　　）。
   ①向劳动模范学习，培养主人翁意识　　②向劳动模范学习，注重工资待遇
   ③向劳动模范学习，发扬优良工作作风　　④向劳动模范学习，追求工作轻松
   A. ①④　　　　B. ①③　　　　C. ②③　　　　D. ③④

7. 让勤奋做事、勤勉为人、（　　）致富在全社会蔚然成风。

　　A. 辛苦　　　　　　B. 辛劳　　　　　　C. 勤劳　　　　　　D. 勤奋

8. 持之以恒地开展"劳动（　　）——劳动创造生活、劳动创造幸福、劳动创造未来"等宣传教育活动，弘扬劳模精神、劳动精神、工匠精神。

　　A. 光荣　　　　　　B. 光耀　　　　　　C. 光彩　　　　　　D. 美丽

9. 劳动精神的内涵是指（　　）。

　　A. 崇尚劳动、热爱劳动、尊重劳动、诚实劳动

　　B. 崇尚劳动、热爱劳动、辛勤劳动、诚实劳动

　　C. 爱岗敬业、艰苦奋斗、诚实劳动、热爱劳动

　　D. 热爱劳动、劳动光荣、劳动伟大、劳动美丽

10. "杂交水稻之父"袁隆平有很多弟子，他们一直铭记着袁老的教诲，"要种出好水稻必须得下田""搞水稻育种的都是雕塑艺术家，每粒种子都要精雕细刻""我们只有储备了超高产技术，才能备不时之需"。李建武下田像吃饭一样频繁，一年大部分时间都在田里；胡忠孝将培育出高产优质的水稻种子作为自己的工作追求；邢俊杰收集菌株3000多份，艰苦探索创建稻瘟病菌研究的菌株数据库。这些弟子们的事迹集中体现了（　　）。

　　①社会主义核心价值观中"敬业"要求

　　②只要认真工作都能成为大国工匠

　　③名师出高徒的道理

　　④劳动精神、劳模精神、工匠精神

　　A. ①②　　　　　　B. ②③　　　　　　C. ①④　　　　　　D. ③④

> 填一填

1. 请同学们阅读教材，将下面空格填写完整。

(1) 弘扬劳动精神、劳模精神、工匠精神，有助于鼓舞全党全国各族人民风雨无阻、_____。劳动精神、劳模精神、工匠精神是以_____为核心的民族精神和以_____为核心的时代精神的生动体现，是鼓舞全党全国各族人民埋头苦干、勇毅前行的强大_____动力。

(2) 弘扬劳动精神、劳模精神、工匠精神，有助于营造_____的社会风尚和_____的敬业风气。劳动精神、劳模精神、工匠精神，集中体现了_____的要求，能够发挥劳动模范和大国工匠的示范带头作用，能够激发劳动者的_____和创造活力，形成劳动_____、劳动最崇高、劳动_____、劳动最美丽的社会共识，培育劳动光荣、技能宝贵、创造伟大的时代风尚。

(3) 弘扬劳动精神、劳模精神、工匠精神，有助于为全面建设社会主义现代化国家提供有力_____。劳动精神、劳模精神、工匠精神以强大的_____，激励更多劳动者特别是青年一代走技能成才、技能报国之路，成为高素质技术技能人才、_____、大国工匠，在报效祖国、服务人民的奋斗中实现人生价值。

(4) 树立科学的劳动观。劳动是_____的源泉，也是_____的源泉。劳动没有_____之分，无论从事什么劳动都是光荣的。要反对一切_____、贪图享乐、崇尚暴富的错误思想，自觉抵制不珍惜劳动成果、_____、_____的现象。

(5) 确立正确的劳动态度。要尊重劳动、_____、_____，增强劳动的责任感和_____，对工作认真负责、精益求精。

2. 劳动精神、劳模精神、工匠精神的内涵。

	形成过程	基本内涵
劳动精神		
劳模精神		
工匠精神		

3. 践行劳动精神、劳模精神、工匠精神的要求及习言习语。

	要求	习言习语
践行劳动精神		
践行劳模精神		
践行工匠精神		

第5课 弘扬劳动精神、劳模精神、工匠精神

议一议

1. 一分钟，生产汽车55辆。一分钟，5288万元货物进出口。一分钟，创造GDP1.57亿元。一分钟，造林210亩。一分钟，475.6米农村公路旧貌换新颜。一分钟，中国新增12.7公顷的森林或草地面积。一分钟，北斗卫星导航系统被200多个国家及地区的用户访问超过7000万次。一分钟，中国与"一带一路"沿线国家进出口总额达2530万元人民币。一分钟，中国企业在安哥拉卡宾达省（Cabinda）援建的供水项目提供35立方米的用水，使当地60万人受益。一分钟，中国企业投资的巴基斯坦卡洛特—加龙省（Karot）水电站发电量达6088千瓦时，可满足当地500万人的用电需求。一分钟，516529个中国芯片出口海外……生产力是衡量一个国家实力的重要标准，一个国家的强大离不开生产力的发展建设，在这短短的一分钟里，中国向全世界展现了什么是中国速度和力量。

请结合以上材料，议一议中国速度和中国力量的源泉是什么？新时代弘扬劳动精神、劳模精神、工匠精神有怎样的重要意义。

2. "幸福的生活从哪里来，要靠劳动来创造……"。2024年春晚，怀旧的合唱节目《看动画片的我们长大了》，引起了很多观众的共鸣。一首首20世纪八九十年代动画片主题曲的重现，唱响了无数人的童年与梦想。不为人知的是，串烧中《劳动最光荣》这首歌，由多名技能大师作为各行各业代表合唱完成，让十几亿人领略到了技能人才的风采。

中国石化集团公司茂名分公司化工分部首席技师张恒珍介绍说，"参加这次演出，我最大的感受是人生处处是舞台，处处有挑战，学习无止境，奋斗无终点。"张恒珍说，在其他演员的专注、付出中，她感受到"工匠精神"的真谛。"坚守匠心、苦练技能，在各行各业都适用。2024年，我也将一如既往地用匠心守初心，永攀技能高峰。"

请结合以上材料，议一议"技能大师上春晚"对你有何启发。结合自身实际，谈谈如何践行工匠精神。

活动演练

讲一讲

1. 党的十八大以来，习近平总书记多次强调劳模精神、工匠精神。2013年4月28日，习近平总书记同全国劳动模范代表座谈并发表重要讲话。必须大力弘扬劳模精神、发挥劳模作用。榜样的力量是无穷的。劳动模范是民族的精英、人民的楷模。广大劳模以平凡的劳动创造了不平凡的业绩，铸就了"爱岗敬业、争创一流，艰苦奋斗、勇于创新，淡泊名利、甘于奉献"的劳模精神，丰富了民族精神和时代精神的内涵，是我们极为宝贵的精神财富。

◎ 围绕分议题：为什么要弘扬劳动精神、劳模精神和工匠精神？召开以《弘扬劳动精神、劳模精神和工匠精神》为主题的演讲会。选择自己最喜欢的劳动模范、大国工匠，从以下几个方面撰写演讲稿：最喜欢的大国工匠有哪些主要事迹和成就？应该向大国工匠学习什么？如何践行工匠精神？探讨自己可以从哪些方面学习这些劳动模范和大国工匠。

演讲比赛文稿

> 晒一晒

2. 2024年3月1日20点，2023年"大国工匠年度人物"发布仪式播出。本届"大国工匠年度人物"吉祥物——工匠熊猫"工宝"由成都大运会"蓉宝"优化提升主创、旅行熊猫作者、成都大学田海稣教授创作，它身着撸起袖子的湛蓝色工装套装，头戴护目镜，穿皮质工作围裙，脚着高帮三防工作靴，手持作业工具。"工宝"既生动展现了四川人民"撸起袖子加油干"的形象，又充分体现了劳模精神、劳动精神、工匠精神。

◎围绕分议题：如何践行劳动精神、劳模精神、工匠精神？开展以"践行劳动精神、劳模精神和工匠精神"为主题的劳动成果展示会。劳动成果形式不限（实物、视频、手工作品等）、劳动范围不限（学校、家庭、社会）。

劳动成果推介

 **实践营地**

社会实践任务单

班级		小组成员		组长	
实践项目		实践方法		时间	

实践目的	
实践准备	

实践内容

社会实践体会

评价维度	评价要求	配分	得分
政治认同	坚持马克思主义世界观和方法论，领会中国特色社会主义理论体系，特别是习近平新时代中国特色社会主义思想，增进对伟大祖国、中华民族、中华文化、中国共产党、中国特色社会主义的认同，坚持社会主义核心价值体系，自觉培育和践行社会主义核心价值观。	20	
职业精神	具有积极劳动态度和良好劳动习惯，具有正确职业理想、科学职业观念、良好职业道德和职业行为，具备理性思维、批判质疑、勇于探究的科学精神，能够正确认识和处理社会发展与个人成长的关系，并作出正确价值判断和行为选择，在社会实践中增长才干。	20	
法治意识	具有社会主义法治观念、正确的权利义务观念，尊法学法守法用法，维护宪法尊严，自觉参与社会主义法治国家建设。	20	
健全人格	具有积极心理品质和自尊自信、理性平和、积极向上的心态，能自我调节和管理情绪，做到自立自强、坚韧乐观，提高心理健康水平和职业心理素质。	20	
公共参与	具有主人翁意识，坚持以人民为中心，能够有序参与公共事务、积极承担社会责任。	20	
合计		100	

 **成长回眸**

我的认识：
_____
_____

我的提升：
_____
_____

我的行动：
_____
_____

本课评价：

评价维度	内容	得分			
		自我评价	组长评价	生生评价	老师评价
认知与品质 （30分）	了解劳动精神、劳模精神、工匠精神的内涵；理解新时代弘扬劳动精神、劳模精神、工匠精神的意义；认识劳动没有高低贵贱之分，任何职业都光荣的道理。				
态度与情感 （30分）	树立科学的劳动观、职业观和成才观，坚定通过辛勤劳动、诚实劳动、创造性劳动实现自身发展的信念，体会以先进模范引领道德风尚的作用。				
运用与行动 （40分）	自觉向劳动模范和大国工匠学习，践行劳动精神、劳模精神和工匠精神，形成良好的职业行为习惯，以劳动模范、大国工匠为榜样，在日常生活和实训实习中勇于担当社会责任				
	合计				

自我评价：优秀（90－100分）　　良好（75－89分）　　合格（60－74分）　　待提高（0－59分）

组长评价：优秀（90－100分）　　良好（75－89分）　　合格（60－74分）　　待提高（0－59分）

生生评价：优秀（90－100分）　　良好（75－89分）　　合格（60－74分）　　待提高（0－59分）

老师评价：优秀（90－100分）　　良好（75－89分）　　合格（60－74分）　　待提高（0－59分）

校外寄语：_____
_____

信息资讯

习言习语

劳动最光荣、劳动最崇高、劳动最伟大、劳动最美丽。全社会都应该尊敬劳动模范、弘扬劳模精神，让诚实劳动、勤勉工作蔚然成风。

——2018年4月30日，习近平总书记给中国劳动关系学院劳模本科班学员的回信

要在学生中弘扬劳动精神，教育引导学生崇尚劳动、尊重劳动，懂得劳动最光荣、劳动最崇高、劳动最伟大、劳动最美丽的道理，长大后能够辛勤劳动、诚实劳动、创造性劳动。要采取适应当前环境和条件的有效措施，加强劳动教育，组织好形式多样的劳动实践，让学生在实践中养成劳动习惯，学会劳动、学会勤俭。

——2018年9月10日，习近平总书记在全国教育大会上的讲话

实体经济是我国经济的重要支撑，做强实体经济需要大量技能型人才，需要大力弘扬工匠精神，发展职业教育前景广阔、大有可为。

——2019年8月20日，习近平总书记在甘肃省张掖市山丹县考察山丹培黎学校时的讲话

劳动创造幸福，实干成就伟业。希望广大劳动群众大力弘扬劳模精神、劳动精神、工匠精神，勤于创造、勇于奋斗，更好发挥主力军作用，满怀信心投身全面建设社会主义现代化国家、实现中华民族伟大复兴中国梦的伟大事业。

——2021年4月30日，习近平总书记致全国广大劳动群众的节日祝贺

要大力弘扬劳模精神、劳动精神、工匠精神，发挥好劳模工匠示范引领作用，激励广大职工在辛勤劳动、诚实劳动、创造性劳动中成就梦想。

——2023年10月23日，习近平总书记在同中华全国总工会新一届领导班子成员集体谈话时的讲话

> **推荐网站**
>
> （1）中国工会网，网址为 https：//www.workercn.cn/。
>
> （2）中国青年网，网址为 https：//www.youth.cn。

第 6 课
提升职业道德境界

思维导图

第 6 课 提升职业道德境界

一、遵守职业礼仪规范
- 1. 职业礼仪蕴含的道德意义
  - 礼仪和职业礼仪概念
  - 职业礼仪与职业道德的内在联系
  - 良好的职业礼仪对职业道德行为养成具有重要的促进作用
- 2. 职业礼仪的基本要求
  - 仪容仪表端庄
  - 职业用语文明
  - 行为举止得体

二、养成良好职业道德习惯
- 1. 提升职业道德修养的方法
  - 提升职业道德修养需要实践并掌握正确的方法
  - 提升职业道德修养的方法：内省、慎独
- 2. 职业道德贵在养成
  - 职业道德养成训练的重要意义
  - 养成良好的职业道德习惯，要从小处着手，持之以恒
  - 养成良好的职业道德习惯，要向职业道德榜样学习

 **目标点击**

（1）了解职业礼仪与职业道德的关系，认识职业礼仪对职业道德行为养成的作用。理解内省、慎独等修养方法在职业道德养成中的重要意义，提升职业道德境界。

（2）明确职业道德贵在养成的道理，提高遵守职业礼仪的自觉性，遵守职业礼仪规范和职业道德规范，乐于为人民服务，勇于担当社会责任。

（3）自觉加强职业道德养成训练，在日常生活中从小事做起，涵养职业道德，养成良好职业道德习惯，提升职业道德境界。

 **自主预习**

观看视频《百万年薪都请不动他，焊接火箭心脏的大国工匠——高凤林》。初步思考总议题：如何提升职业道德境界？

【视频来源：央视网】

学习感悟

课堂探究

素质训练

选一选

1. 临近毕业，学校安排你到某公司实习，你发现该公司没有专门的保洁人员，办公室无人打扫，你会采取哪种做法。（　　）

   A. 主动将办公室打扫干净

   B. 做好自己的本职工作，实习的内容不是打扫卫生

   C. 如果公司有比自己年轻的同事，可以让他们去做

   D. 等领导安排自己做的时候再做

2. 莎士比亚说："玫瑰是美……更美的是它包含的香味。"这说明心灵美即内在美很重要。下列不属于美化自己内在形象的是（　　）。

   A. 打扮得体，言谈举止庄重

   B. 树立远大理想和崇高志向

   C. 培养良好心理品质和道德情操

   D. 养成勤、实、严、精的学风，掌握过硬的本领

3. 下列符合仪容仪表端庄的是（　　）。

   A. 语气自然　　　　　　　　　B. 头发干净整洁

   C. 有条不紊　　　　　　　　　D. 尊重有礼

4. 提升职业礼仪需要加强自律。下列做法属于加强自律的是（　　）。

   A. 经常进行反思总结　　　　　B. 严格按照操作规程进行技能训练

   C. 与同事搞好关系　　　　　　D. 热心帮助他人

5. 某班举办了一次"胸怀大志，做好小事"的主题班会。从小事做起涵养职业道德，下列不是必须要做到的是（　　）。

   A. 立足岗位，脚踏实地

   B. 从我做起，从现在做起

   C. 从点滴小事做起，把细节做好

   D. 事无巨细，都要亲力亲为

6. 某车间坚持每周一次总结提高会，全面总结本周的工作，认真反省各方面的得失。从职业道德修养的角度来看，内省的意义不在于它是（　　）。

    A. 正确认识自己的重要途径

    B. 自我提升和完善的内在动力

    C. 自我调节和控制的有效方法

    D. 取得别人赏识的重要方法

7. 小李有一个好习惯：每天坚持写工作日记，认真总结自己一天的得失，有错必改。由于人品好、工作好，小李连续十年被评为公司的劳动模范。小李的做法属于道德修养中的（　　）。

    A. 内省　　　　　　　　　　　　B. 慎独

    C. 敬业　　　　　　　　　　　　D. 认真

8. 《弟子规》中有一句话："见人善，即思齐，纵去远，以渐跻。"意思是：看见别人有好的品德，就要向他学习，哪怕与他相差甚远，只要坚持下去，慢慢地总会赶上他。这句话的目的是要人们做到（　　）。

    A. 慎独　　　　　　　　　　　　B. 内省

    C. 学习道德榜样　　　　　　　　D. 从小事做起涵养职业道德

9. 杨震往东莱郡上任时，路过昌邑县，原先他所推荐的秀才王密，这时做昌邑县令，夜里怀中揣着十斤金子来赠送给杨震。杨震说："作为老朋友，我是了解你的，你不了解我，这是怎么回事呢?"王密说："夜里没有人知道这事。"杨震说："天知道，地知道，我知道，你知道，怎么说没人知道!"王密惭愧地出门走了。这则故事体现了（　　）。

    A. 慎独　　　　　　　　　　　　B. 内省

    C. 忠诚　　　　　　　　　　　　D. 耿直

10. 上班迟到、工作期间接打私人电话、把工料随手乱放、下班时没有整理好自己的工位……对此，下列评价正确的是（　　）。

    A. 这些现象都是小事，没有必要小题大做

    B. 这些现象只是违反劳动纪律，但与职业道德无关

    C. 这些现象既不违纪也不违法，但反映职业道德水平不高

    D. 这些现象不仅违反劳动纪律，也反映职业道德素质不高

填一填

1. 请同学们阅读教材，将下面空格填写完整。

（1）职业礼仪的基本要求是：_____、_____、_____。

（2）职业道德养成训练，有助于培养良好_____、职业作风和_____，以更好的_____、更大的_____投入工作，在努力奋斗中提升_____，在劳动奉献中实现_____。

（3）养成良好的职业道德习惯，要从小处着手，_____。注意从职业礼仪要求、_____，专业技能标准等方面严格要求自己，不放过任何_____，处处用心，善作善成。做任何工作，在任何岗位，都要有_____的精神、_____的态度、战胜困难的勇气、_____的毅力。

（4）养成良好的职业道德习惯，要向_____学习。我们要从他们的先进事迹中，体悟他们对_____的追求，学习他们精益求精的敬业精神，锤炼_____的技能本领，学习他们_____的职业品质，在服务人民、建设国家中建功立业。

（5）_____和_____是我国传统提升道德修养的方法，也是现代社会应该坚持的提升职业道德修养的方法。

2. 内省、慎独的内涵及要求。

	内省	慎独
内涵		
要求		

3. 礼仪、职业礼仪、职业道德的内涵及关系。

	基本内涵	关系
礼仪		
职业礼仪		
职业道德		

第6课 提升职业道德境界

> 议一议

1. 在高速飞驰的京渝高铁列车上，化起职业妆、换上制服、别上臂章，她是稳重干练的高铁列车长。这就是重庆客运段动车一队"90后"列车长郭莉的真实写照。

都说车厢就是社会的缩影，在列车上，郭莉遇到的问题形形色色，有喝了酒大吵大闹的、有垃圾扔得满地的。面对这些，郭莉总会带着微笑，好言相劝。她说："作为服务行业的一员，让旅客满意就是我们最大的动力。"因此，每当车上有突发疾病的旅客、遗失物品的旅客等，她都最大限度地帮助他们解决困难。

除了在出乘期间做好列车上的工作，平日里，郭莉还主动承担起车队业务培训老师的职责。作为业务尖子，她时常利用休息时间，给其他班组的姐妹讲解业务知识。在车队组织的季度仪容仪表和礼仪培训测试中，她都事无巨细，一一传授。

根据上述案例，总结你所学专业对应职业的职业礼仪基本要求，谈谈职业礼仪蕴含的道德意义。

2. 小李初中毕业后选择到某中职学校的会计专业学习，想以后从事财务工作。为了实现这个职业目标，他向老师及在财务部门工作的亲戚和学长请教，充分了解学校与职场的区别，学生与职业人的角色差异，以及财务人员的职业素养要求等。为了达到这些要求，他严格遵守各项规章制度，把他律变成自律。课堂上苦练专业技能，如坚持参加学校计算机兴趣小组，每天中午练习点钞半小时，晚上练习计算器复核报表一小时，还积极参加行业技能比赛。每次技能竞赛结束后，他都会进行赛后总结、反思，并在学习过程中进行改进。中职三年，小李成长得很快，毕业后顺利应聘到一家企业做财务工作。

结合上述材料和你所学专业对应职业的职业道德要求，说说我们应当怎样养成良好的职业道德习惯。

活动演练

训一训

1. 人无礼，无以立。中国自古以来被称为"文明古国，礼仪之邦"。《论语·尧曰》中说："人无礼，无以立。"《荀子·修身》中说："人无礼则不生，事无礼则不成，国家无礼则不宁。"礼仪对规范人们的社会行为，协调人际关系，推动人类社会发展具有积极的作用。结合所学专业开展职业礼仪训练活动，理解职业礼仪蕴含的道德意义和职业礼仪基本要求。

◎ 围绕分议题：人无礼，无以立？开展职业礼仪训练，训练前整理本专业职业礼仪要求，写出典型职场案例和职业仪容仪表、言谈举止、技术规范等要求，分组进行互动练习，分析讨论点评，通过模拟职场场景，展示正确的礼仪动作和应用技巧。

职业礼仪要求

> **定一定**

2. 2019年10月1日，天安门广场红旗猎猎，花团锦簇。庆祝中华人民共和国成立70周年大会盛大举行。伴随着《红旗颂》的深情旋律，当21辆礼宾车组成的"致敬"方阵，载着建立卓越功勋的英模代表徐徐驶过天安门时，全场自发起立，向英雄们致敬。

一个有希望的民族不能没有英雄，一个有前途的国家不能没有先锋。习近平总书记指出："心有榜样，就是要学习英雄人物、先进人物、美好事物，在学习中养成好的思想品德追求。""伟大时代呼唤伟大精神，崇高事业需要榜样引领。"功勋模范的先进事迹和英名伟业，正激励着全党全军全国各族人民开拓进取、建功立业，汇聚起昂扬奋进的磅礴力量。

◎ 围绕分议题：如何向道德楷模看齐？开展选榜样定计划行动。榜样的力量是无穷的，请选择一位自己喜欢的职业道德榜样，制定向道德榜样学习计划。从我喜爱的职业道德楷模、我需要向道德楷模学习的优秀品质、我自身存在的不足、向道德楷模学习的计划等几个方面完善自我计划。

完善自我计划

我喜爱的职业道德楷模：

我需要向道德楷模学习的优秀品质：

我自身存在的不足：

向道德楷模学习的计划：

实践营地

社会实践任务单

班级		小组成员		组长	
实践项目		实践方法		时间	
实践目的					
实践准备					

实践内容

社会实践体会

评价维度	评价要求	配分	得分
政治认同	坚持马克思主义世界观和方法论,领会中国特色社会主义理论体系,特别是习近平新时代中国特色社会主义思想,增进对伟大祖国、中华民族、中华文化、中国共产党、中国特色社会主义的认同,坚持社会主义核心价值体系,自觉培育和践行社会主义核心价值观。	20	
职业精神	具有积极劳动态度和良好劳动习惯,具有正确职业理想、科学职业观念、良好职业道德和职业行为,具备理性思维、批判质疑、勇于探究的科学精神,能够正确认识和处理社会发展与个人成长的关系,并作出正确价值判断和行为选择,在社会实践中增长才干。	20	
法治意识	具有社会主义法治观念、正确的权利义务观念,尊法学法守法用法,维护宪法尊严,自觉参与社会主义法治国家建设。	20	
健全人格	具有积极心理品质和自尊自信、理性平和、积极向上的心态,能自我调节和管理情绪,做到自立自强、坚韧乐观,提高心理健康水平和职业心理素质。	20	
公共参与	具有主人翁意识,坚持以人民为中心,能够有序参与公共事务、积极承担社会责任。	20	
合计		100	

成长回眸

我的认识：

我的提升：

我的行动：

本课评价：

评价维度	内容	得分			
		自我评价	组长评价	生生评价	老师评价
认知与品质（30分）	了解职业礼仪与职业道德的关系，认识职业礼仪对职业道德行为养成的作用。理解内省、慎独等修养方法在职业道德养成中的重要意义，提升职业道德境界。				
态度与情感（30分）	明确职业道德贵在养成的道理，提高遵守职业礼仪的自觉性，遵守职业礼仪规范和职业道德规范，乐于为人民服务，勇于担当社会责任。				
运用与行动（40分）	自觉加强职业道德养成训练，在日常生活中从小事做起，涵养职业道德，养成良好职业道德习惯，提升职业道德境界。				
合计					

自我评价：优秀(90－100分)　　良好(75－89分)　　合格(60－74分)　　待提高(0－59分)

组长评价：优秀(90－100分)　　良好(75－89分)　　合格(60－74分)　　待提高(0－59分)

生生评价：优秀(90－100分)　　良好(75－89分)　　合格(60－74分)　　待提高(0－59分)

老师评价：优秀(90－100分)　　良好(75－89分)　　合格(60－74分)　　待提高(0－59分)

校外寄语：

信息资讯

———— 习言习语 ————

从小做起，就是要从自己做起、从身边做起、从小事做起、一点一滴积累，养成好思想、好品德。"少壮不努力，老大徒伤悲。"千里之行，始于足下。每个人的生活都是由一件件小事组成的，养小德才能成大德。

——2014年5月30日，习近平总书记在北京市海淀区民族小学主持召开座谈会时的讲话

"人才有高下，知物由学。"梦想从学习开始，事业靠本领成就。广大青年要自觉加强学习，不断增强本领。青年时期学识基础厚实不厚实，影响甚至决定自己的一生。广大青年要如饥似渴、孜孜不倦学习，既多读有字之书，也多读无字之书，注重学习人生经验和社会知识。

——2016年4月26日，习近平总书记在知识分子、劳动模范、青年代表座谈会上的讲话

要坚守高尚职业道德，多下苦功、多练真功，做到勤业精业。

——2019年3月4日，习近平总书记在看望参加全国政协十三届二次会议的文化艺术界、社会科学界委员时的讲话

只要有坚定的理想信念、不懈的奋斗精神，脚踏实地把每件平凡的事做好，一切平凡的人都可以获得不平凡的人生，一切平凡的工作都可以创造不平凡的成就。

——2019年9月29日，习近平总书记在国家勋章和国家荣誉称号颁授仪式上的讲话

推荐网站

（1）央视网，网址为 www.cctv.com。

（2）新华网，网址为 http://www.xinhuanet.com/。

第三单元

增强法治意识

第 7 课
中国特色社会主义法治道路

思维导图

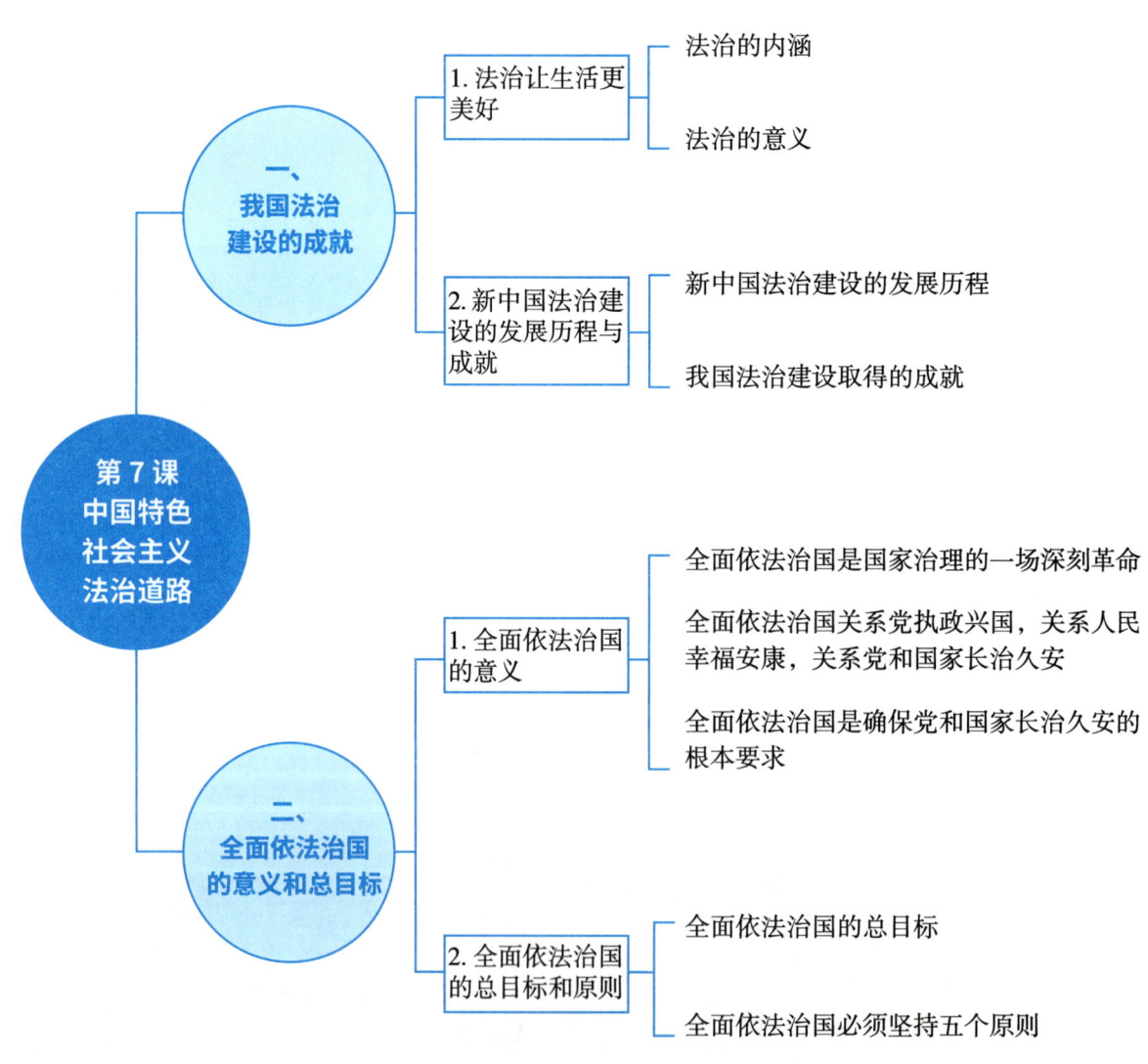

 **目标点击**

（1）懂得法治的科学内涵，简述我国法治建设的发展历程，了解中国特色社会主义法律体系构成，知道建设中国特色社会主义法治体系，建设社会主义法治国家是坚持和发展中国特色社会主义的内在要求。

（2）领会在职业活动中要树立法治理念、培育理性思维的重要性，认同和拥护中国特色社会主义法治道路，增强对新中国法治建设成就的自豪感，坚定走中国特色社会主义法治道路的信心。

（3）在日常生活中积极运用理性思维和法治理念，正确处理社会发展与个人成长的关系，提高参与全面依法治国的行动自觉，做法治中国建设的拥护者、参与者。

 **自主预习**

观看视频《守好美好生活的法治力量》，初步思考总议题：法治如何让生活更美好？

【视频来源：学习强国】

学习感悟

_____
_____
_____
_____
_____
_____
_____

素质训练

选一选

1. 下列关于法治的说法错误的是（   ）。
   A. 法治是用法律的准绳去衡量、规范、引导社会生活
   B. 法治保障个人权利和自由
   C. 法治是人类文明进步的重要标志
   D. 法治仅维护正常状态下的公共秩序

2. 法治兴则国兴，法治强则国强。中华人民共和国成立以来，中国共产党团结带领全国人民开创了社会主义法治新纪元，国家生活和社会生活各方面从无法可依到有法可依，进而向良法善治发展，法治中国建设不断推向前进。下列不属于新中国法治建设取得的成就的是（   ）。
   A. 我国法治建设有序推进，全面依法治国实践取得重大进展
   B. 依法行政和公正司法水平不断提高
   C. 充分发挥中国共产党依法治国的主体作用
   D. 已经建立了非常完备的社会主义法律体系

3. 2023年10月，十四届全国人大常委会第六次会议表决通过《中华人民共和国爱国主义教育法》，自2024年1月1日起施行。爱国主义教育法规定了爱国主义教育的主要内容，涵盖思想政治、历史文化、国家象征标志、祖国壮美河山和历史文化遗产、宪法和法律、国家统一和民族团结、国家安全和国防、英烈和模范人物事迹等方面。该法的出台（   ）。
   ①是公民的国家意识和民族意识的根本保障
   ②有利于弘扬爱国主义精神，振奋民族精神
   ③以法治方式推动和保障新时期爱国主义教育
   ④旨在完善法治体系，使法治观念深入人心
   A. ①②　　　　B. ②③　　　　C. ②④　　　　D. ③④

4. 我国在现行宪法基础上，制定并完善了一大批法律法规，在经济建设、政治建设、文化建设、社会建设和生态文明建设各个方面都实现了有法可依。这主要体现出我国（　　）。

   A. 确立了社会主义司法制度

   B. 公正司法水平不断提高

   C. 社会主义法律体系已经非常完备

   D. 形成并不断完善以宪法为核心的中国特色社会主义法律体系

5. "法安天下，德润人心。"法治和德治是人类自我管理和规制的一对经典关系。下列关于德治与法治关系表述正确的是（　　）。

   A. 德治比法治更具有权威性和强制性

   B. 法治比德治更具有感召力和劝导力

   C. 法治重教化作用，德治重规范作用

   D. 德治与法治相辅相成，相互促进

6. 全面依法治国是中国特色社会主义的本质要求和重要保障，在新征程上要更好发挥法治固根本、稳预期、利长远的作用，推进国家治理体系和治理能力现代化。关于全面依法治国，下列认识正确的是（　　）。

   A. 全面依法治国是中国特色社会主义最本质的特征

   B. 我国宪法符合国情，能充分体现每一个人的意志

   C. 必须把党的领导贯彻落实到依法治国全过程和各方面

   D. 全面推进依法治国的总目标是制定完备的法律体系

7. "国无常强，无常弱。奉法者强则国强，奉法者弱则国弱。"我国要坚持全面推进依法治国，其总目标是（　　）。

   A. 全面推进依法治国，加快建设社会主义法治国家

   B. 实现中国梦，维护人民当家作主的地位

   C. 建设中国特色社会主义法治体系，建设社会主义法治国家

   D. 建设中国特色社会主义法治道路，建设社会主义法治体系

8. 孟子曰："离娄之明，公输子之巧，不以规矩，不能成方圆；师旷之聪，不以六律，不能正五音；尧舜之道，不以仁政，不能平治天下……故曰，徒善不足以为政，徒法不能以自行。"这段话给我们的启示是（　　）。

①依法治国是党领导人民治理国家的基本方略

②社会主义法治和社会主义德治是相辅相成的

③必须坚持依法治国、依法执政和依法行政共同推进

④治国理政必须坚持依法治国和以德治国的有机统一

  A. ①③   B. ①④   C. ②③   D. ②④

9. 《中华人民共和国慈善法》把每年9月5日确定为"中华慈善日"。其中明确规定个人不能发起募捐，承诺捐款不兑现或被起诉，摊派捐赠任务或构成犯罪。《中华人民共和国慈善法》的颁布和实施（　　）。

①为我国慈善事业发展提供了法制保障，但限制了个人募捐的自由

②让整个社会对慈善事业充满信心，激发了人们支持慈善事业的热情

③使我国的法律体系更加完善，使依法治国方略真正落到实处

④能极大地释放社会财富向善的力量，保障慈善事业的健康发展

  A. ①②   B. ②④   C. ①③   D. ③④

10. 党的二十大报告中强调："必须更好发挥法治固根本、稳预期、利长远的保障作用，在法治轨道上全面建设社会主义现代化国家"。由此可见（　　）。

  A. 我国形成了以民法为核心的中国特色社会主义法律体系

  B. 全面依法治国能够为实现社会主义现代化提供根本保证

  C. 全面依法治国需要持续建设中国特色社会主义法制国家

  D. 全面依法治国是中国特色社会主义的本质要求和重要保障

填一填

1. 请同学们阅读教材,将下面空格填写完整。

(1) 用_____的准绳去_____、_____、_____、社会生活,这就是法治。

(2) 法治的意义。法治保障个人_____;法律维护_____;法治实现_____。

(3) 在党的领导下,我国在全面依法治国,建设社会主义国家的道路上探索前行,取得了辉煌的成就。找到了_____;形成了_____;形成并不断完善_____;_____不断提升。

(4) 全面推进依法治国总目标是:建设中国特色社会主义_____、建设社会主义_____。具体内容是:在_____领导下,坚持中国特色社会主义制度,贯彻_____,形成完备的_____体系、高效的法治实施体系、严密的_____体系、有力的法治保障体系、形成完善的_____体系。

(5) 全面依法治国是_____,是国家治理领域一场广泛而深刻的革命,需要付出长期艰苦努力。全党和全国人民必须更加自觉地坚持_____、更加扎实地推进依法治国,努力实现国家各项工作_____,向着建设法治中国的目标不断前进。

2. 法治与法制的区别与联系。

区别		法治	法制
区别	从内涵上		
	从实践上		
	从要求上		
联系			

3. 通过学习，总结我国党的十八大以来法治建设取得的新成就。

	具 体 内 容
法治道路	
法治思想	
法律体系	
治理能力	

议一议

1. 警察提醒：不要打架！打输住院，打赢坐牢。

打架成本：第一，轻微伤的打架成本＝5日至15日拘留＋500元至1000元罚款＋医药费、误工费等赔偿＋因拘留少挣的工资。第二，轻伤的打架成本＝3年以下有期徒刑＋赔偿金＋医药费、误工费等赔偿＋因判刑少挣的工资＋社会及家庭影响。第三，重伤的打架成本＝3年以上10年以下有期徒刑、无期徒刑或死刑＋经济赔偿＋社会及家庭严重影响。第四，打架附加成本＝民事责任费用（诉讼费＋律师费＋医药费＋误工费）＋公安机关留下前科劣迹＋影响家庭成员的一生（就业、参军等）＋心情沮丧郁闷＋名誉形象受损＋家人朋友担忧＋工作生意等遭受重大损失。

请结合以上材料，议一议法治在维护社会秩序、营造和谐安定的生活环境、校园环境方面的作用。

2. 电影《第二十条》在 2024 年寒假上映，电影故事主线围绕着刑法第二十条"正当防卫"展开。这不仅是一部法律题材的电影，更是一部通过小人物的视角，探讨公理人情、揭示社会现实的作品。在冰冷的法条背后，隐藏着的是一个个有血有肉、充满情感的故事。它不仅通过三个故事展现了法条背后的人性与情感，更在细微之处展现了社会的真实面貌。

请结合电影内容和生活体验，谈谈党和国家推进全面依法治国的原则是如何体现的？

第7课 中国特色社会主义法治道路

———— 活动演练 ————

> 说一说

1. 新中国成立以来,在党的领导下,我国社会主义法治建设取得一系列伟大成就。全班同学分组从职业教育、环境保护、劳动保障、自己所学专业等领域任选其一,收集反映我国法治建设的典型案例,进行宣讲,理解法治作为国家治理方式的演进过程,明确法治中国战略目标的历史意义。

◎ 围绕分议题:新中国法治建设取得了哪些成就?召开法治建设宣讲会,各小组分享我国法治建设的典型案例,例如,环保、网络、职业教育等方面的案例,这些案例不仅体现了法治精神,也推动了法治社会不断进步。

法治宣讲案例

辨一辨

2. 如今,"动物缺少福利会祸及人类"正在达成共识。动物与人类的福利不同,并非给动物很高的待遇,而是满足其最基本的生存需求。动物的生命价值已逐渐被法律所承认,而我国的动物福利保护依然存在差距,在我国相关法律中尚无法找到合适的定罪量刑依据。这使执法者无从执法,也使虐待、杀害动物的恶人更加肆无忌惮。要减少甚至杜绝虐待动物行为,仅靠道德约束肯定不行,还要靠法律的威慑力。逐步建立中国的动物福利法律体系,需要我们建言献策。

◎ 围绕分议题:展望未来,如何参与全面依法治国?以班级为单位,进行"动物福利是否应当立法"模拟立法听证会。从动物福利立法是否必要、动物福利立法的可行性、可能面临的挑战与解决方案等方面阐述观点。

听证发言观点

 **实践营地**

社会实践任务单

班级		小组成员		组长	
实践项目		实践方法		时间	

实践目的	
实践准备	

实践内容

社会实践体会

评价维度	评价要求	配分	得分
政治认同	坚持马克思主义世界观和方法论，领会中国特色社会主义理论体系，特别是习近平新时代中国特色社会主义思想，增进对伟大祖国、中华民族、中华文化、中国共产党、中国特色社会主义的认同，坚持社会主义核心价值体系，自觉培育和践行社会主义核心价值观。	20	
职业精神	具有积极劳动态度和良好劳动习惯，具有正确职业理想、科学职业观念、良好职业道德和职业行为，具备理性思维、批判质疑、勇于探究的科学精神，能够正确认识和处理社会发展与个人成长的关系，并作出正确价值判断和行为选择，在社会实践中增长才干。	20	
法治意识	具有社会主义法治观念、正确的权利义务观念，尊法学法守法用法，维护宪法尊严，自觉参与社会主义法治国家建设。	20	
健全人格	具有积极心理品质和自尊自信、理性平和、积极向上的心态，能自我调节和管理情绪，做到自立自强、坚韧乐观，提高心理健康水平和职业心理素质。	20	
公共参与	具有主人翁意识，坚持以人民为中心，能够有序参与公共事务、积极承担社会责任。	20	
合计		100	

 成长回眸

我的认识：
_____
_____

我的提升：
_____
_____

我的行动：
_____
_____

本课评价：

评价维度	内容	得分			
		自我评价	组长评价	生生评价	老师评价
认知与品质（30分）	懂得法治的科学内涵，简述我国法治建设的发展历程，了解中国特色社会主义法律体系构成，知道建设中国特色社会主义法治体系，建设社会主义法治国家是坚持和发展中国特色社会主义的内在要求。				
态度与情感（30分）	领会在职业活动中要树立法治理念、培育理性思维的重要性，认同和拥护中国特色社会主义法治道路，增强对新中国法治建设成就的自豪感，坚定走中国特色社会主义法治道路的信心。				
运用与行动（40分）	在日常生活中积极运用理性思维和法治理念，正确处理社会发展与个人成长的关系，提高参与全面依法治国的行动自觉，做法治中国建设的拥护者、参与者。				
合计					

自我评价：优秀(90－100分)　　良好(75－89分)　　合格(60－74分)　　待提高(0－59分)

组长评价：优秀(90－100分)　　良好(75－89分)　　合格(60－74分)　　待提高(0－59分)

生生评价：优秀(90－100分)　　良好(75－89分)　　合格(60－74分)　　待提高(0－59分)

老师评价：优秀(90－100分)　　良好(75－89分)　　合格(60－74分)　　待提高(0－59分)

校外寄语：_____
_____

信息资讯

习言习语

推进国家治理体系和治理能力现代化，必须坚持依法治国，为党和国家事业发展提供根本性、全局性、长期性的制度保障。

——2014 年 10 月 23 日，习近平总书记在党的十八届四中全会第二次全体会议上的讲话

用法治保障人民当家作主。要坚持和完善人民当家作主制度体系，健全社会公平正义法治保障制度，保证人民在党的领导下通过各种途径和形式依法管理国家事务、管理经济和文化事业、管理社会事务，使法律及其实施有效体现人民意志、保障人民权益、激发人民创造力。

——2020 年 2 月 5 日，习近平总书记在中央全面依法治国委员会第三次会议上的讲话

全面依法治国是国家治理的一场深刻革命，关系党执政兴国，关系人民幸福安康，关系党和国家长治久安。必须更好发挥法治固根本、稳预期、利长远的保障作用，在法治轨道上全面建设社会主义现代化国家。

——2022 年 10 月 16 日，习近平总书记在中国共产党第二十次全国代表大会上的报告

要坚持走中国特色社会主义法治道路，建设中国特色社会主义法治体系、建设社会主义法治国家，全面推进国家各方面工作法治化，更好发挥法治固根本、稳预期、利长远的保障作用。

——2022 年 10 月 23 日，习近平总书记在党的二十届一中全会上的讲话

中华法系源远流长，中华优秀传统法律文化蕴含丰富法治思想和深邃政治智慧，是中华文化的瑰宝。要积极推动中华优秀传统法律文化创造性转化、创新性发展，赋予中华法治文明新的时代内涵，激发起蓬勃生机。

——2023 年 11 月 27 日，习近平总书记在二十届中央政治局第十次集体学习时的讲话

推荐网站

（1）法治网，网址为 http：//www.legaldaily.com.cn/。

（2）中国人大网，网址为 http：//www.npc.gov.cn/npc/index.html。

第8课
建设法治中国

思维导图

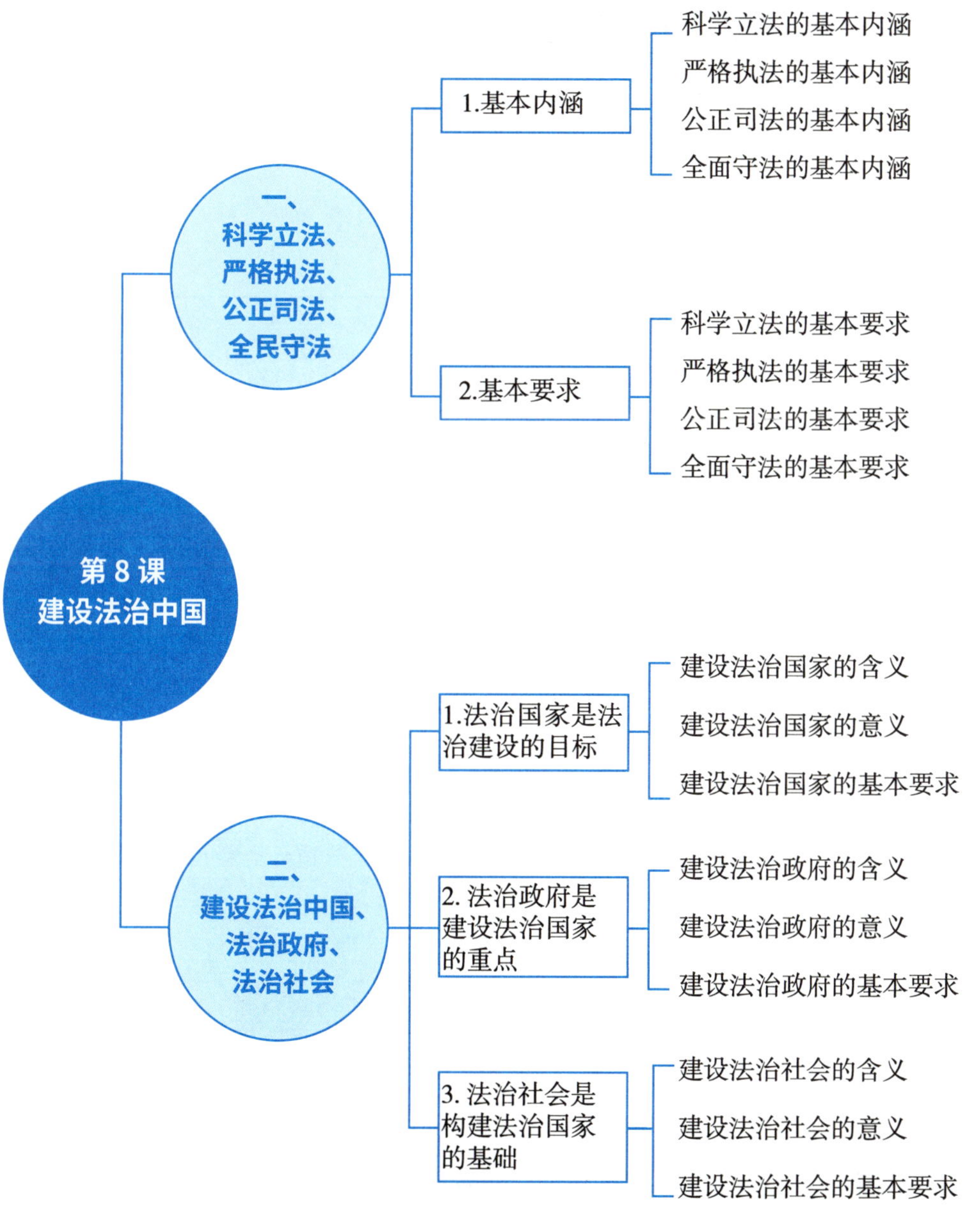

- 第8课 建设法治中国
  - 一、科学立法、严格执法、公正司法、全民守法
    - 1.基本内涵
      - 科学立法的基本内涵
      - 严格执法的基本内涵
      - 公正司法的基本内涵
      - 全面守法的基本内涵
    - 2.基本要求
      - 科学立法的基本要求
      - 严格执法的基本要求
      - 公正司法的基本要求
      - 全面守法的基本要求
  - 二、建设法治中国、法治政府、法治社会
    - 1.法治国家是法治建设的目标
      - 建设法治国家的含义
      - 建设法治国家的意义
      - 建设法治国家的基本要求
    - 2.法治政府是建设法治国家的重点
      - 建设法治政府的含义
      - 建设法治政府的意义
      - 建设法治政府的基本要求
    - 3.法治社会是构建法治国家的基础
      - 建设法治社会的含义
      - 建设法治社会的意义
      - 建设法治社会的基本要求

 **目标点击**

（1）理解科学立法、严格执法、公正司法、全民守法的基本内涵和基本要求，认识法治国家、法治政府和法治社会相辅相成的关系，描绘法治国家的愿景。

（2）认识投身法治中国建设对职业发展和人生成长的意义，增强坚定走中国特色社会主义法治道路的信心，增强在职业活动中遵法学法守法用法意识。

（3）勇于承担社会责任，积极为建设法治中国建言献策，自觉投身法治中国建设实践。

 **自主预习**

观看视频《坚持全面依法治国，建设法治中国》，初步思考总议题：如何参与法治中国建设？

【视频来源：学习强国】

学习感悟

课堂探究

素质训练

选一选

1. 近年来，我国立法越来越注重征求公众意见，民众的声音能够"直达高层"。比如，个人所得税法修正案（草案）面向社会公开征求意见时，一个月内收到相关意见超过13万条；民法典编纂过程中，先后10次通过中国人大网公开征求意见，累计收到42.5万人提出的102万条意见和建议。由此可见，我国（　　）。

   ①坚持科学立法和民主立法，提高立法质量和水平

   ②鼓励公民履行义务，拓宽公民有序参与立法渠道

   ③发扬社会主义民主，使国家立法体现人民的意志

   ④注重立法技术创新，努力实现国家立法的规范化

   A. ①③　　　　B. ①④　　　　C. ②③　　　　D. ②④

2. 2021年3月1日，《中华人民共和国刑法修正案（十一）》正式施行，其中对刑事责任年龄规定作出的调整正式生效。修正案对刑事责任年龄相关规定作出调整，规定已满12周岁不满14周岁的人，犯故意杀人、故意伤害罪，致人死亡或者以特别残忍手段致人重伤造成严重残疾，情节恶劣，应当负刑事责任。对刑事责任年龄进行调整（　　）。

   ①意味着相关年龄段未成年人违法犯罪将量刑有据

   ②修正内容坚持与时俱进，贯彻了依法治国原则

   ③表明我国未成年人任何犯罪行为都要受到惩罚

   ④发挥刑法作为根本大法在保护人民方面的作用

   A. ①②　　　　B. ①③　　　　C. ②④　　　　D. ③④

3. 某地警察执法时看到违法人员的妻子和两个年幼的孩子在抓捕现场，于是将已经掏出一半的警察证又迅速塞了回去。警察说是孩子父亲的工友，找他有事，忙完了就回来。在警车上，违法人员感动、惭愧、后悔，对违法事实供认不讳。警察的做法（　　）。

   ①坚持了以人民为中心，有利于树立法治权威

   ②旨在规范执法，杜绝执法争议的产生

③坚持了文明执法，有利于实现执法效果最大化

④旨在创新执法方式，提升执法公信力

A. ①②　　　　B. ①③　　　　C. ②④　　　　D. ③④

4. "法律的生命力在于实施"。党的二十大报告强调"严格公正司法"，对深化司法体制综合配套改革、规范司法权力运行、强化对司法活动的制约监督等作出重点部署、提出明确要求，为新时代严格公正司法提供了根本遵循。为此，推进公正司法要（　　）。

①坚持程序公正，司法过程严格依据立法法进行

②构建开放、动态、透明、便民的阳光司法机制

③确保人民法院依法独立行使审判权和检察权

④坚持以事实为依据、以法律为准绳，维护公平正义

A. ①②　　　　B. ①③　　　　C. ②④　　　　D. ③④

5. 习近平总书记提出：深化司法体制综合配套改革，全面落实司法责任制，努力让人民群众在每一个司法案件中感到公平正义。为此需要司法机关（　　）。

①坚持以事实为依据、以法律为准绳、严格公正司法

②严格遵守诉讼程序，平等对待当事人，依法独立行使司法权

③坚持科学立法，促进社会和谐

④司法过程和结果都要合法、公正

A. ①②③　　　B. ①②④　　　C. ②③④　　　D. ①③④

6. "天下之事，不难于立法，而难于法之必行。"实现"法之必行"需要（　　）。

A. 确保审判权和检察权依法独立行使

B. 通过法定程序将人民意志上升为国家意志

C. 合理设定权利与义务、权力与责任

D. 司法坚持以法律为依据、以事实为准绳

7. 建设法治国家有赖于每个公民的参与，是全体公民的共同责任，这说明全面推进依法治国必须做到（　　）。

A. 科学立法　　B. 严格执法　　C. 公正司法　　D. 全民守法

8. 法治国家意味着法治成为治国理政的基本方式。建设法治国家，既需要有完备的法律体系，更需要法律的严格实施。与建设法治国家目标相适应的是（　　）。

①我国已形成以宪法为核心的中国特色社会主义法律体系

②政府部门依法履行法定职责，为社会提供优质公共服务

③社会公众自觉遵守宪法法律，依法行使权利、履行义务

④司法机关严格公正司法，以事实为依据、以法律为准绳

  A. ①   B. ①②   C. ①②③   D. ①②③④

9. 中共中央、国务院印发的《法治政府建设实施纲要（2021—2025年）》明确提出，"全面建设数字法治政府"的基本路径和目标要求，强调要坚持运用互联网、大数据、人工智能等技术手段促进依法行政，继而更好地促进政府和公民、社会组织的沟通。数字法治政府（ ）。

①有利于推进政府权责清晰，建设权责法定的政府

②通过现代科技，数字赋能，建设智能高效的政府

③有利于提升行政执法水平，建设人民满意的政府

④提升政府的依法执政能力，建设高效履职的政府

  A. ①③④   B. ①②③④   C. ②③   D. ②④

10. 法治社会是构筑法治国家的基础，法治社会建设是实现国家治理体系和治理能力现代化的重要组成部分。中共中央、国务院印发了《法治社会建设实施纲要（2020—2025年）》，并发出通知，要求各地区各部门结合实际认真贯彻落实。建设法治社会需要（ ）。

①深入开展法治宣传教育

②让法律援助成为治国理政的基本方式

③完善司法救助制度这一制度前提

④健全社会矛盾纠纷预防化解机制

  A. ①②   B. ③④   C. ①④   D. ②③

填一填

1. 请同学们阅读教材，将下面空格填写完整。

(1) 全面推进依法治国是一个系统工程，是国家治理的一场深刻革命。实现全面依法治国目标，必须做到_____、_____、_____、_____。

(2) 科学立法，就是要尊重和体现_____，不断提高法律的质量，使立法真正体现_____和_____的价值追求。

(3) 严格执法，就是_____要在执法过程中_____。_____是执法的最重要主体。行政机关要带头严格执法，依法全面履行职能。

(4) 公正司法，就是要在司法活动的过程和结果中坚持和体现_____，努力让人民群众在每一起司法案件中感受到公平正义。_____是维护社会公平正义的最后一道防线。

(5) 全民守法，是指所有社会成员普遍尊重和信仰法律、依法_____和_____的状态。全面依法治国，要求坚持_____、_____、_____一体建设。法治国家、法治政府、法治社会相辅相成。其中，_____是法治建设的目标，_____是建设法治国家的重点，_____是构筑法治国家的基础。

2. 科学立法、严格执法、公正司法、全民守法的基本要求。

	科学立法	严格执法	公正司法	全民守法
基本要求				

3. 建设法治国家、法治政府、法治社会的内涵和意义。

	内涵	意义
法治国家		
法治政府		
法治社会		

> 议一议

1. 2022年10月，十三届全国人大常委会第三十七次会议审议通过新修订的《中华人民共和国妇女权益保障法》，自2023年1月1日起施行。该法的修订，丰富了妇女权益保障制度内容，体现了国家对人权的尊重。此次修订，积极回应社会关切，两次网上公开征求意见，分别收到40余万条、30余万条意见，是近年来收到意见数最多的法律草案之一，成为2022年全国人大常委会的重要立法工作亮点。

请结合以上材料，运用所学科学立法的知识，议一议《中华人民共和国妇女权益保障法》的修订是如何做到"科学立法"的？

2. 民有所盼，政有所为。中国政府网《我向总理说句话》栏目，在广泛听取社会各界对政府工作意见建议、回应社会关切中发挥着重要作用。

网民：我是一名货车司机，现在的高连公路服务区晚上停车太难了，车位不够用，可否增加或扩建服务区呢？可不可以把原来的省界收费站作为停车场呢？

交通运输部：今年指导各地通过设置潮汐车位、扩大部分服务停车区面积等方式，切实缓解货车"停车难"问题。对于留言人提出的将省界收费站改造为停车区的建议。我们十分赞同。我们将积极指导各地，在统筹应急、养护、服务、监督检查和公安查控等工作需要的基础上，进步加强对原省界收费站区域的综合利用，更好满足货车停车停放需求、服务货车司机出行。

请结合以上材料，议一议建设"法治政府"的意义是什么？

第8课　建设法治中国

活动演练

演一演

1. 2023年暑假期间，某中职学校市场营销专业的学生陈某在好友刘某的介绍下，到刘某亲戚主营的手机卖场进行暑期兼职工作。出于对好友刘某的信任，陈某未与用人单位大福手机卖场签订任何合同，只是卖场的主管人员与其口头约定一天给付手机推销费为200元，按月给工资。在陈某工作两个月后，该卖场以陈某不是其正式员工为由拒绝支付工资，陈某多次讨要却屡屡被拒。无奈之下，陈某的父母聘请张律师为诉讼代理人，将大福手机卖场告上了法庭。

◎ 结合以上案例，围绕分议题：如何提高司法公信力？在班级内开展模拟法庭活动。起诉书（也称为法律文件）的撰写必须遵循法律的严谨性和规范性，起诉书应明确记载以下内容：原告与被告的基本信息；诉讼请求和所依据的事实与理由；证据和证据来源。起诉应向有管辖权的人民法院提起诉讼。起诉书在司法程序中具有举足轻重的地位，它标志着诉讼程序的正式开始。

法律诉讼文件

> 展一展

2. 习近平总书记在党的二十大报告中指出，"全面依法治国是国家治理的一场深刻革命，关系党执政兴国，关系人民幸福安康，关系党和国家长治久安。必须更好发挥法治固根本、稳预期、利长远的保障作用，在法治轨道上全面建设社会主义现代化国家"。

◎ 围绕分议题：如何描绘法治中国愿景？举行"法治中国愿景展览"主题活动。分别从法治国家、法治政府、法治社会三个角度，收集法治中国的图片、视频、案例等资料，设计展板内容。准备讲解词，进行资料整理和展示。

作品展览解说

 实践营地

社会实践任务单

班级		小组成员		组长	
实践项目		实践方法		时间	
实践目的					
实践准备					
实践内容					

社会实践体会

评价维度	评价要求	配分	得分
政治认同	坚持马克思主义世界观和方法论，领会中国特色社会主义理论体系，特别是习近平新时代中国特色社会主义思想，增进对伟大祖国、中华民族、中华文化、中国共产党、中国特色社会主义的认同，坚持社会主义核心价值体系，自觉培育和践行社会主义核心价值观。	20	
职业精神	具有积极劳动态度和良好劳动习惯，具有正确职业理想、科学职业观念、良好职业道德和职业行为，具备理性思维、批判质疑、勇于探究的科学精神，能够正确认识和处理社会发展与个人成长的关系，并作出正确价值判断和行为选择，在社会实践中增长才干。	20	
法治意识	具有社会主义法治观念、正确的权利义务观念，尊法学法守法用法，维护宪法尊严，自觉参与社会主义法治国家建设。	20	
健全人格	具有积极心理品质和自尊自信、理性平和、积极向上的心态，能自我调节和管理情绪，做到自立自强、坚韧乐观，提高心理健康水平和职业心理素质。	20	
公共参与	具有主人翁意识，坚持以人民为中心，能够有序参与公共事务、积极承担社会责任。	20	
合计		100	

成长回眸

我的认识：
_____
_____

我的提升：
_____
_____

我的行动：
_____
_____

本课评价：

评价维度	内容	得分			
		自我评价	组长评价	生生评价	老师评价
认知与品质（30分）	理解科学立法、严格执法、公正司法、全民守法的基本内涵和基本要求，认识法治国家、法治政府和法治社会相辅相成的关系，描绘法治国家的愿景。				
态度与情感（30分）	认识投身法治中国建设对职业发展和人生成长的意义，增强坚定走中国特色社会主义法治道路的信心，增强在职业活动中遵法学法守法用法意识。				
运用与行动（40分）	勇于承担社会责任，积极为建设法治中国建言献策，自觉投身法治中国建设实践。				
合计					

自我评价：优秀（90－100分）　　良好（75－89分）　　合格（60－74分）　　待提高（0－59分）

组长评价：优秀（90－100分）　　良好（75－89分）　　合格（60－74分）　　待提高（0－59分）

生生评价：优秀（90－100分）　　良好（75－89分）　　合格（60－74分）　　待提高（0－59分）

老师评价：优秀（90－100分）　　良好（75－89分）　　合格（60－74分）　　待提高（0－59分）

校外寄语：_____
_____

 **信息资讯**

———— 习言习语 ————

　　法治国家、法治政府、法治社会三者各有侧重、相辅相成，法治国家是法治建设的目标，法治政府是建设法治国家的主体，法治社会是构筑法治国家的基础。要善于运用制度和法律治理国家，提高党科学执政、民主执政、依法执政水平。

　　——2018年8月24日，习近平总书记在中央全面依法治国委员会第一次会议上的讲话

　　要加强全民普法宣传教育，推动全社会形成办事依法、遇事找法、解决问题用法、化解矛盾靠法的良好法治环境。

　　——2019年5月7日，习近平总书记在全国公安工作会议上的讲话

　　深化司法责任制综合配套改革，加强司法制约监督，健全社会公平正义法治保障制度，努力让人民群众在每一个司法案件中感受到公平正义。

　　——2020年11月16日，习近平总书记在中央全面依法治国工作会议的讲话

　　我们要坚持走中国特色社会主义法治道路，建设中国特色社会主义法治体系、建设社会主义法治国家，围绕保障和促进社会公平正义，坚持依法治国、依法执政、依法行政共同推进，坚持法治国家、法治政府、法治社会一体建设，全面推进科学立法、严格执法、公正司法、全民守法，全面推进国家各方面工作法治化。

　　法治社会是构筑法治国家的基础。弘扬社会主义法治精神，传承中华优秀传统法律文化，引导全体人民做社会主义法治的忠实崇尚者、自觉遵守者、坚定捍卫者。

　　——2022年10月16日，习近平总书记在中国共产党第二十次全国代表大会上的报告

　　要完善立法体制机制，推进科学立法、民主立法、依法立法，统筹立改废释纂，增强立法系统性、整体性、协同性、时效性。

　　——2022年12月19日，习近平总书记在新华社发表的署名文章《谱写新时代中国宪法实践新篇章——纪念现行宪法公布施行40周年》

推荐网站

（1）中国法律服务网，网址为http：//www.12348.gov.cn/#/homepage。

（2）全面依法治国网，网址为https：//www.xuexi.cn/。

第 9 课
坚持依宪治国

思维导图

- 第 9 课 坚持依宪治国
  - 一、坚持宪法至上
    - 1. 宪法的地位和作用
      - 宪法是国家的根本法，具有最高法律效力
      - 宪法为坚持和发展新时代中国特色社会主义提供了重要保障
    - 2. 宪法的基本原则
      - 党的领导原则
      - 人民当家作主原则
      - 尊重和保障人权原则
      - 社会主义法治原则
      - 民主集中制原则
    - 3. 宪法的主要内容
      - 规定国家生活和社会生活中最根本、最重要的问题
      - 公民的基本权利和义务是宪法的核心内容
  - 二、保障宪法实施
    - 1. 宪法实施的意义
      - 宪法的生命在于实施，宪法的权威也在于实施
      - 宪法解释是正确实施宪法的必要环节
    - 2. 我国的宪法监督制度
      - 合宪性审查
      - 备案审查
    - 3. 维护宪法人人有责
      - 维护宪法，要学习宪法、领会宪法
      - 维护宪法，要认同宪法、崇尚宪法
      - 维护宪法，要践行宪法、捍卫宪法

目标点击

（1）理解我国宪法的地位、作用和基本原则；分析公民基本权利与基本义务的关系，懂得宪法实施的意义，理解我国宪法监督制度。

（2）树立正确的权利与义务观。增强维护宪法尊严、保证宪法实施的意识。

（3）认同宪法，崇尚宪法，践行宪法。在日常生活中自觉参与社会主义法治国家建设，维护宪法权威。

自主预习

观看国家宪法日主题宣传片《守护》，初步思考总议题：为什么说宪法与我们的生活息息相关？

【视频来源：学习强国】

学习感悟

课堂探究

—— 素质训练 ——

选一选

1. 列宁说："宪法是一张写着权利的纸。"之所以说宪法是公民权利的保障书，是因为（　　）。

   ①宪法规定，中华人民共和国的一切权力属于人民

   ②宪法规定广泛的公民基本权利，并规定实现公民基本权利的保障措施

   ③尊重和保障人权成为我国的宪法原则

   ④宪法只是规定公民基本权利的法律

   A. ②③④　　　　B. ①②③　　　　C. ①③④　　　　D. ①②④

2. 我国《宪法》第一条明确规定："中华人民共和国是工人阶级领导的、以工农联盟为基础的人民民主专政的社会主义国家。"关于此规定，下列说法中不正确的是（　　）。

   A. 宪法确认了我国的国家性质　　　　B. 宪法规定国家生活中的具体问题

   C. 国家的一切权力属于人民　　　　　D. 我国宪法是人民意志的集中体现

3. 从我们出生那一刻起，就开始受到宪法的保护：上学时宪法保障我们的受教育权，工作后宪法保护我们取得劳动报酬、享受休息的权利，此外，结婚生子、买卖住宅、退休养老……我们生活的各个方面都受到宪法的保护。这说明（　　）。

   A. 宪法是法律的总和，事无巨细地保护我们

   B. 宪法是公民权利的保障书，与我们息息相关

   C. 宪法规定社会生活各个方面的具体内容

   D. 宪法是我国的基本准则，具有最高法律效力

4. 我国《宪法》规定："任何公民享有宪法和法律规定的权利，同时必须履行宪法和法律规定的义务。"公民权利和义务的统一要求我们（　　）。

   A. 权利必须行使，义务可不履行　　　B. 正确行使权利，适当履行义务

   C. 主动放弃义务，适当行使权利　　　D. 正确行使权利，自觉履行义务

5. 全国人大宪法和法律委员会就外商投资法草案中有关投资主体的规定是否符合宪法进行了合宪性审查。这样做旨在（   ）。

   A. 保护公民监督权　　　　　　　　　B. 确保国家机关严格按照宪法行使国家权力

   C. 加强宪法实施和监督，维护宪法权威　　D. 健全权力监督制度，从根本上消除腐败

6. 以下关于宪法监督说法中不正确的是（   ）。

   A. 完善地方人大监督制度，担负起宪法监督职责

   B. 我国的宪法监督制度主要包括合宪性审查、备案审查等

   C. 加强对宪法实施情况的监督检查，维护宪法权威

   D. 对各种违反宪法的行为都必须予以追究和纠正

7. 坚持依法治国首先要_____，坚持依法执政关键是_____。（   ）

   A. 宪法解释　合宪性审查　　　　　B. 社会主义法治　民主集中制

   C. 宪法监督　宪法实施　　　　　　D. 依宪治国　依宪执政

8. 习近平总书记指出："我们必须坚持国家一切权力属于人民，坚持人民主体地位。"你认为以下观点中，属于宪法规定的保证国家权力属于人民的是（   ）。

   ①宪法确认我国的国家性质，明确人民当家作主的地位

   ②宪法规定的社会主义经济制度奠定了国家权力属于人民的经济基础

   ③宪法规定的社会主义政治制度明确了人民行使国家权力的基本途径和形式

   ④宪法规定广泛的公民基本权利，并规定实现公民基本权利的保障措施

   A. ①②③　　　　B. ①②④　　　　C. ①③④　　　　D. ①②③④

9. 2022年1月21日，中共中央总书记、国家主席、中央军委主席习近平对党的建设研究工作作出重要指示强调，要不断完善党的建设学科体系、学术体系、话语体系，继续为推进新时代党的建设贡献智慧和力量。中国共产党作为执政党，与宪法的关系是（   ）。

   ①宪法是由党制定的　　　　　　　②党必须坚持依宪执政

   ③党自身必须在宪法和法律范围内活动　　④党必须带头遵守宪法、维护宪法尊严

   A. ①②③　　　　B. ①②④　　　　C. ①③④　　　　D. ②③④

10. 我国一切国家机关、武装力量、各政党、社会团体、各企事业组织和全体公民的最高行为准则是（   ）。

    A. 中华人民共和国民法典　　　　　B. 中华人民共和国宪法

    C. 中国共产党党章　　　　　　　　D. 社会主义核心价值观

> 填一填

1. 请同学们阅读教材，将下面空格填写完整。

(1) 我国宪法以_____的形式确认了全国各族人民奋斗的成果，规定了国家的_____和_____，是国家的_____，具有_____法律效力。全国各族人民、一切国家机关和武装力量、各政党和各社会团体、各企业事业组织，都必须以_____为根本的活动准则，维护_____、保证_____。一切法律、行政法规和地方性法规都不得同宪法相抵触。

(2) 我国宪法规定了国家的_____、_____、_____、_____、_____、_____、_____等，这些内容是我国国家生活和社会生活中_____、_____的问题。

(3) _____是建设社会主义法治国家的首要任务和基础性工作。宪法是建设社会主义法治国家的根本遵循。坚持依法治国首先要_____，坚持依法执政关键是_____。

(4) 宪法监督，是指由_____按照法律程序监督其他机关实施宪法的活动。在我国，负责宪法监督的国家机关是_____。我国的宪法监督制度主要包括_____、_____等。

(5) 宪法的基本原则是对宪法的_____、_____、_____、_____等环节起指导作用的基本准则，贯穿宪法规范始终。我国宪法的基本原则集中反映了_____、_____的基本精神，体现了_____的根本性质。

2. 请填写宪法的基本原则。

	宪法的基本原则
党的领导原则	
人民当家作主原则	
尊重和保障人权原则	
社会主义法治原则	
民主集中制原则	

3. 总结我国的宪法监督制度。

	什么是宪法监督	
宪法监督制度	合宪性审查	
	备案审查	

议一议

1. 2024年是全国人民代表大会成立70周年。过去一年，是全面贯彻党的二十大精神的开局之年，全国人大以奋斗作答伟大时代。宪法精神融入生活浸润心田。全国人大常委会通过关于完善和加强备案审查制度的决定，以更具刚性的制度维护国家法治统一；宪法宣传教育走进千家万户，推动宪法实施成为全体人民的自觉行动……一部部百姓关心关注的法律纷纷出台。制定爱国主义教育法，筑牢民族精神内核；出台无障碍环境建设法、修改慈善法，社会文明更进一步；制定粮食安全保障法，确保中国人的饭碗牢牢端在自己手中……

请结合以上材料，议一议宪法的地位及宪法与其他法律的关系。

2. 2018年，在我国宪法第五次修订中增加规定："国家工作人员就职时应当依照法律规定公开进行宪法宣誓。"2023年3月11日，十四届全国人大一次会议在北京人民大会堂举行第四次全体会议。新任国务院总理李强进行宪法宣誓。"我宣誓：忠于中华人民共和国宪法，维护宪法权威，履行法定职责，忠于祖国、忠于人民，恪尽职守、廉洁奉公，接受人民监督，为建设富强民主文明和谐美丽的社会主义现代化强国努力奋斗！"。同年12月8日，国务院有关人员集体举行宪法宣誓仪式。国务院总理李强监誓。

请结合以上材料，运用"维护宪法人人有责"的知识，议一议我们应当如何维护宪法？

活动演练

议一议

1. 宪法是国家的根本大法，是治国安邦的总章程，是党和人民意志的集中体现。宪法具有最高的法律地位、法律权威、法律效力，与我们的生活息息相关。2014年11月1日，第十二届全国人民代表大会常务委员会第十一次会议决定：将现行宪法通过、公布、施行日期12月4日设立为"国家宪法日"。

◎ 围绕分议题：宪法与我们的生活有什么关系？组织召开讨论会，分组从上学、工作、结婚、生育、买房、退休等人生节点，找出宪法保护公民权利的相关条款，撰写我与宪法实例，分享我们与宪法相关的经历和故事，说明每个人一生都离不开宪法的守护。

我与宪法同行

剖析会

2. 中国人民银行某分行曾在报纸上刊登了一条《招录行员启事》，其第一条"招录对象"规定："男性身高在168厘米、女性身高在155厘米以上"。某应届毕业生蒋某以该规定违反法律规定，是对包括自己在内的仅因身高不符合上述条件的报名者的身高歧视，以侵犯了宪法赋予的担任国家公职的平等权为由向法院提起行政诉讼，请求依法确认被告的被诉具体行政行为违法。次月，该分行重新刊登了《招录行员启事》，该启事取消了对招录对象身高条件的规定。

◎ 围绕分议题：如何维护宪法尊严？进行违宪案例剖析，以小组为单位，搜集不尊重宪法或违反宪法的典型案例，进行剖析。违宪案例涉及违反我国宪法规定的各类行为，这些行为可能侵害公民的基本权利或破坏国家的根本制度。这些违宪案件反映了在法治建设过程中，必须严格遵守宪法规定，保障公民的基本权利不受侵犯。

违宪案例剖析

 **实践营地**

社会实践任务单

班级		小组成员		组长	
实践项目		实践方法		时间	
实践目的					
实践准备					

实践内容

社会实践体会

评价维度	评价要求	配分	得分
政治认同	坚持马克思主义世界观和方法论，领会中国特色社会主义理论体系，特别是习近平新时代中国特色社会主义思想，增进对伟大祖国、中华民族、中华文化、中国共产党、中国特色社会主义的认同，坚持社会主义核心价值体系，自觉培育和践行社会主义核心价值观。	20	
职业精神	具有积极劳动态度和良好劳动习惯，具有正确职业理想、科学职业观念、良好职业道德和职业行为，具备理性思维、批判质疑、勇于探究的科学精神，能够正确认识和处理社会发展与个人成长的关系，并作出正确价值判断和行为选择，在社会实践中增长才干。	20	
法治意识	具有社会主义法治观念、正确的权利义务观念，尊法学法守法用法，维护宪法尊严，自觉参与社会主义法治国家建设。	20	
健全人格	具有积极心理品质和自尊自信、理性平和、积极向上的心态，能自我调节和管理情绪，做到自立自强、坚韧乐观，提高心理健康水平和职业心理素质。	20	
公共参与	具有主人翁意识，坚持以人民为中心，能够有序参与公共事务、积极承担社会责任。	20	
合计		100	

成长回眸

我的认识：

我的提升：

我的行动：

本课评价：

评价维度	内容	得分			
		自我评价	组长评价	生生评价	老师评价
认知与品质（30分）	理解我国宪法的地位、作用和基本原则；分析公民基本权利与基本义务的关系，懂得宪法实施的意义，理解我国宪法监督制度。				
态度与情感（30分）	树立正确的权利与义务观。增强维护宪法尊严、保证宪法实施的意识。				
运用与行动（40分）	认同宪法，崇尚宪法，践行宪法。在日常生活中自觉参与社会主义法治国家建设，维护宪法权威。				
合计					

自我评价：优秀(90－100分)　　良好(75－89分)　　合格(60－74分)　　待提高(0－59分)

组长评价：优秀(90－100分)　　良好(75－89分)　　合格(60－74分)　　待提高(0－59分)

生生评价：优秀(90－100分)　　良好(75－89分)　　合格(60－74分)　　待提高(0－59分)

老师评价：优秀(90－100分)　　良好(75－89分)　　合格(60－74分)　　待提高(0－59分)

校外寄语：

信息资讯

———— 习言习语 ————

宪法是国家的根本法，坚持依法治国首先要坚持依宪治国，坚持依法执政首先要坚持依宪执政。我们必须坚持把依法治国作为党领导人民治理国家的基本方略、把法治作为治国理政的基本方式，不断把法治中国建设推向前进。

——2014年9月5日，习近平总书记在庆祝全国人民代表大会成立六十周年大会上的讲话

我国宪法实现了党的主张和人民意志的高度统一，具有显著优势、坚实基础、强大生命力。宪法是国家根本法，是国家各种制度和法律法规的总依据。我们坚定中国特色社会主义道路自信、理论自信、制度自信、文化自信，要对我国宪法确立的国家指导思想、发展道路、奋斗目标充满自信，对我国宪法确认的中国共产党领导和我国社会主义制度充满自信，对我国宪法确认的我们党领导人民创造的社会主义先进文化和中华优秀传统文化充满自信。

——2018年2月24日，习近平总书记在党的十九届中央政治局第四次集体学习时的讲话

党的十八届四中全会明确提出，坚持依法治国首先要坚持依宪治国，坚持依法执政首先要坚持依宪执政。我们讲依宪治国、依宪执政，同西方所谓"宪政"有着本质区别，不能把二者混为一谈。坚持依宪治国、依宪执政，就包括坚持宪法确定的中国共产党领导地位不动摇，坚持宪法确定的人民民主专政的国体和人民代表大会制度的政体不动摇。

——2020年11月16日，习近平总书记在中央全面依法治国工作会议上的讲话

宪法是国家的根本法，是党和人民意志的集中体现，具有最高的法律地位、法律权威、法律效力。我多次强调，维护宪法权威，就是维护党和人民共同意志的权威；捍卫宪法尊严，就是捍卫党和人民共同意志的尊严；保证宪法实施，就是保证人民根本利益的实现。

——2021年10月13日，习近平总书记在中央人大工作会议上的讲话

加强宪法实施和监督，健全保证宪法全面实施的制度体系，更好发挥宪法在治国理政中的重要作用，维护宪法权威。

——2022年10月16日，习近平总书记在中国共产党第二十次全国代表大会上的报告

推荐网站

（1）宪法网，网址为http：//www.zgxfw.com.cn/。

（2）教育部全国青少年普法网，网址为https：//static.qspfw.moe.gov.cn/user/#/user/login。

第四单元
遵守法律规范

第 10 课
养成遵纪守法好习惯

 思维导图

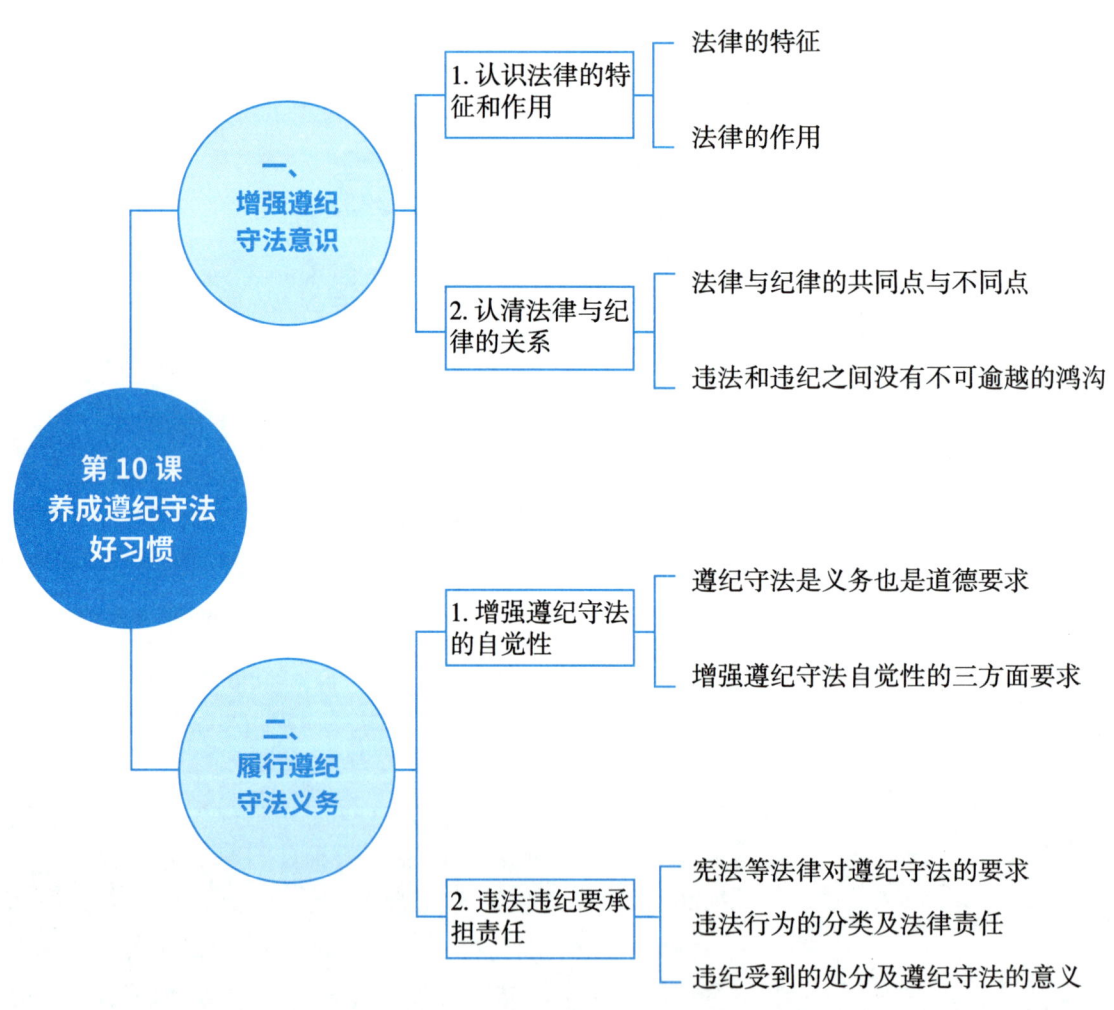

目标点击

（1）认识法律的特征，了解法律与纪律的区别和联系，知道如何在日常生活中增强遵纪守法的自觉性。了解违法行为的分类，明确违法违纪的危害以及需要承担的责任。

（2）认同遵纪守法的行为准则，对法律与纪律怀有敬畏之心，领悟自觉抵制不良行为、预防违法行为对个人成长及职业发展的意义，增强遵纪守法的意识。

（3）养成守法守纪的自觉性，无论生活还是职业领域，都能养成爱岗敬业、依法办事的思维方式和行为习惯。

自主预习

观看法制教育专题片《歧途》，通读教材第十课，思考：如何做一个遵纪守法的人？

【视频来源：青岛市崂山区人民检察院预防未成年人犯罪公益宣传片】

学习感悟

课堂探究

素质训练

选一选

1. 上学时间快到了，小毛匆匆骑上自行车赶往学校，可是一路却总遇红灯，小毛不想迟到，于是就一路闯红灯赶往学校。你认为小毛的做法（　　）。
   A. 合情合理又合法　　　　　　B. 合情合理不合法
   C. 是违反纪律的行为　　　　　D. 是违法行为

2. 根据最高人民法院出台的《关于依法妥善审理高空抛物、坠物案件的意见》，故意从高空抛弃物品，将按以危险方法危害公共安全罪定罪处罚，后果严重的，依照故意伤害罪、故意杀人罪定罪处罚。这警示我们要（　　）。
   ①学习法律，知道违法行为要承担刑事责任　②胆大心细，抛物时要看清是否有行人
   ③依法办事，养成尊法守法用法习惯　　　　④珍视生命，不做危害他人生命安全的事
   A. ①③④　　　　B. ①④　　　　C. ③④　　　　D. ②③④

3. 罗某在合肥站以老公迟到了还没上车为由，用自己身体强行阻挡高铁车门关闭，经多次劝解仍强行扒阻车门，造成列车晚点。合肥铁路公安认定，罗某的行为涉嫌"非法拦截列车、阻断铁路运输"，扰乱了铁路车站、列车正常秩序，违反了《铁路安全管理条例》，对其采取罚款2000元的处罚。你认为罗某的行为（　　）。
   ①是民事违法行为　　　　　　②扰乱了正常的交通秩序
   ③警示我们要自觉遵守规则　　④告诉我们行使权利无界限
   A. ①②　　　　B. ①③④　　　　C. ②③　　　　D. ②④

4. 在我们身边，有的人实施了一些行为，却自以为只是犯了小错，全然不知已经违法。违法无小事，下列需要我们警惕的违法行为是（　　）。
   ①班里有个唱歌好的同学，大家都叫她"小百灵"
   ②向别人借了钱之后赖着不还
   ③在微信朋友圈传播虚假的险情、疫情、灾情，以博取关注
   ④在家无聊，拨打119谎报附近有超市着火
   A. ①②③　　　　B. ①③④　　　　C. ①②④　　　　D. ②③④

5. 在全国防控新冠疫情的紧张时期，为博人眼球，王某、刘某、李某先后在网上编造、散布谣言，制造恐慌，造成恶劣社会影响，3人均被警方行政拘留。王某等3人的行为是（　　）。

   A. 民事违法行为　　　　　　　　B. 行政违法行为
   C. 犯罪行为　　　　　　　　　　D. 刑事违法行为

6. 第5题的案例给我们的启示是（　　）。

   ①在我国，公民的任何权利都是有范围的，公民行使权利时不能超越它本身的界限
   ②网络不是法外之地
   ③我们应以此为戒，不信谣、不传谣，共同维护良好网络环境
   ④在网上发布言论会受到法律制裁

   A. ①②③　　　B. ①②　　　C. ③④　　　D. ①②③④

7. 某校非常重视法治教育，积极开展了模拟法庭、读宪法学宪法、知名律师进课堂、看案说法等实践活动，学生反响强烈，效果显著。近年来，该校学生法治意识明显增强，不良行为逐年减少，违法犯罪案件零发生。这表明法律（　　）。

   ①护佑学生健康成长　　　　　　②限制学生个性发展
   ③引导学生自我规范　　　　　　④营造良好校园环境

   A. ①②③　　　B. ①②④　　　C. ①③④　　　D. ②③④

8. 自由快乐，人皆向往，而"畏法度者最快活"。意味着（　　）。

   A. 构建在自律基座上的自由，才是真正的自由　B. 尊崇自由之人，必是无限享乐之人
   C. 自由快乐，是法治的价值追求　　　　　　　D. 自由是依照自己意志活动的权利

9. 以下行为属于行政违法的是（　　）。

   ①甲非法猎捕濒危野生动物被判处有期徒刑和罚金
   ②乙饲养宠物狗经常扰民被公安机关予以警告处罚
   ③丙未依法履行合同被判处支付违约金600元
   ④丁过马路闯红灯被交警依法罚款10元

   A. ①②　　　B. ①③　　　C. ③④　　　D. ②④

10. 下列各项中，属于行政处罚的是（　　）。

    A. 罚金　　　　　　　　　　　B. 拘役
    C. 责令停产停业　　　　　　　D. 赔偿损失

填一填

1. 请同学们阅读教材，将下面空格填写完整。

（1）法律是由国家_____或_____，规定了人们的_____，以_____保证实施，对_____有普遍约束力的行为规范。

（2）法律与纪律都是规范人们行为的_____，都需要人们共同遵守。但法律与纪律在_____、_____、_____等方面存在不同。

（3）遵纪守法是公民的_____，也是_____的主要规范。无论何时，我们都要对法律与纪律怀有敬畏之心，都要增强遵纪守法的自觉性。

（4）我国宪法明确规定，中华人民共和国每一位公民都要遵守_____，保守国家秘密，爱护_____，遵守_____，遵守_____，尊重社会公德。

（5）违法要承担相应法律责任，按照类别分为_____责任、_____责任、_____责任等，违反纪律也要受到相应的处分，包括_____、_____等。

2. 结合所学，完成表格填写。

法律、纪律、道德对比			
项目		法律	纪律	道德
不同点	产生方式			
	调整对象和范围			
	实施手段			
	违反后果			
相同点				

3. 查阅资料，归纳汇总，完成表格填写。

项目		违法行为		
		一般违法行为		严重违法行为
		行政违法行为	民事违法行为	刑事违法行为
区别	违反的法律不同			
	社会危害程度不同			
	受到的处罚不同			
联系				

议一议

1. 2023年6月5日，中央纪委国家监委网站通报，广西壮族自治区医疗保障局原党组书记、局长王忠平被开除党籍，按规定取消其享受的退休待遇；将其涉嫌犯罪问题移送检察机关依法审查起诉。

2023年11月17日，广西贺州市中级人民法院公开宣判王忠平受贿一案，以受贿罪判处被告人王忠平有期徒刑10年6个月，并处罚金人民币150万元；所得赃款和受贿所得股权及孳息依法上缴国库。

上述案例中，哪些属于违反纪律受到的处分？哪些是违反法律受到的处罚？分别是由什么组织作出的？说一说你如何看待守法与守纪的关系。

2. 孟子说："不以规矩，不能成方圆。"大到一个国家的法律，小到一个团队的规章制度，有约束才有秩序。社会生活需要秩序，它可以保障社会的稳定和安全，增强社会的公正和公平，提高社会的文明程度，实现个人的发展和成长，促进社会的和谐发展。

在生活中你对于守纪律有哪些亲历的体验？写下你的经历和感悟。

依法建立和完善规章制度和制定劳动纪律是法律给予用人单位的权利，遵守单位纪律是从业者的义务。查找你所学专业对应的行业有哪些纪律要求，说一说我们应该如何增强遵纪守法的自觉性。

活动演练

> 说一说

1. 法律与纪律是维护社会秩序、保护公民权益的两大重要支柱。法律通过设定允许、鼓励、禁止等规则，调整各种社会关系，解决社会矛盾与冲突，保护个人和集体的合法权益不受侵害。纪律通过制定具体的规章制度、行为准则来引导和约束成员的行为，确保组织目标的实现。违反纪律将面临警告、处罚乃至开除等内部处理措施。纪律与法律相辅相成，两者共同构建了一个多层次的社会行为规范体系，为个人的自由与发展、社会的稳定与进步提供了坚实的基础和保障。

◎围绕分议题："在国家和社会生活中，法律的作用是如何体现的？"设计法律保护宣传教育活动。每个小组根据所选法律领域，确定一个具体宣传主题，如"老年人网络购物陷阱与自我保护"。讨论并设计宣传活动的具体方案，进行分享并相互评价和改进。

活动方案策划

做一做

2. 在推进全面依法治国的进程中，每个公民都是法治中国的亲历者、推动者和受益者。《中华人民共和国宪法》第五十三条规定："中华人民共和国公民必须遵守宪法和法律，保守国家秘密，爱护公共财产，遵守劳动纪律，遵守公共秩序，尊重社会公德。"做遵法守法用法的好公民，是推进全面依法治国、建设社会主义法治国家的必然要求。

◎围绕分议题："怎样增强遵纪守法的自觉性？"开展遵纪守法警示标语活动，以小组为单位，围绕"自觉遵纪守法　远离不良行为"主题撰写警示标语，进行班级展示，提醒和警示大家要把尊法学法守法用法变成一种自觉、一种风尚、一种习惯，把对法治的尊崇和信仰转化为实际行动。

警示标语展示

第 10 课　养成遵纪守法好习惯

 **实践营地**

社会实践任务单

班级		小组成员		组长	
实践项目		实践方法		时间	
实践目的					
实践准备					

实践内容

社会实践体会

评价维度	评价要求	配分	得分
政治认同	坚持马克思主义世界观和方法论，领会中国特色社会主义理论体系，特别是习近平新时代中国特色社会主义思想，增进对伟大祖国、中华民族、中华文化、中国共产党、中国特色社会主义的认同，坚持社会主义核心价值体系，自觉培育和践行社会主义核心价值观。	20	
职业精神	具有积极劳动态度和良好劳动习惯，具有正确职业理想、科学职业观念、良好职业道德和职业行为，具备理性思维、批判质疑、勇于探究的科学精神，能够正确认识和处理社会发展与个人成长的关系，并作出正确价值判断和行为选择，在社会实践中增长才干。	20	
法治意识	具有社会主义法治观念、正确的权利义务观念，尊法学法守法用法，维护宪法尊严，自觉参与社会主义法治国家建设。	20	
健全人格	具有积极心理品质和自尊自信、理性平和、积极向上的心态，能自我调节和管理情绪，做到自立自强、坚韧乐观，提高心理健康水平和职业心理素质。	20	
公共参与	具有主人翁意识，坚持以人民为中心，能够有序参与公共事务、积极承担社会责任。	20	
合计		100	

成长回眸

我的认识:

我的提升:

我的行动:

本课评价:

评价维度	内容	得分			
		自我评价	组长评价	生生评价	老师评价
认知与品质 (30分)	认识法律的特征,了解法律与纪律的区别和联系,知道如何在日常生活中增强遵纪守法的自觉性。了解违法行为的分类,明确违法违纪的危害以及需要承担的责任。				
态度与情感 (30分)	认同遵纪守法的行为准则,对法律与纪律怀有敬畏之心,领悟自觉抵制不良行为、预防违法行为对个人成长及职业发展的意义,增强遵纪守法的意识。				
运用与行动 (40分)	养成守法守纪的自觉性,无论生活还是职业领域,都能养成爱岗敬业、依法办事的思维方式和行为习惯。				
	合计				

自我评价:优秀(90-100分)　　良好(75-89分)　　合格(60-74分)　　待提高(0-59分)

组长评价:优秀(90-100分)　　良好(75-89分)　　合格(60-74分)　　待提高(0-59分)

生生评价:优秀(90-100分)　　良好(75-89分)　　合格(60-74分)　　待提高(0-59分)

老师评价:优秀(90-100分)　　良好(75-89分)　　合格(60-74分)　　待提高(0-59分)

校外寄语:_____

 信息资讯

———— 习言习语 ————

面向未来,全面建成小康社会对依法治国提出了更高要求。我们要全面贯彻落实党的十八大精神,以邓小平理论、"三个代表"重要思想、科学发展观为指导,全面推进科学立法、严格执法、公正司法、全民守法,坚持依法治国、依法执政、依法行政共同推进,坚持法治国家、法治政府、法治社会一体建设,不断开创依法治国新局面。

——2013 年 2 月 23 日,习近平总书记在十八届中央政治局第四次集体学习时的讲话

"立善法于天下,则天下治;立善法于一国,则一国治。"推进国家治理体系和治理能力现代化,当然要高度重视法治问题,采取有力措施全面推进依法治国,建设社会主义法治国家,建设法治中国。在这点上,我们不会动摇。

——2014 年 2 月 17 日,习近平总书记在省部级主要领导干部学习贯彻十八届三中全会精神全面深化改革专题研讨班上的讲话

青年的价值取向决定了未来整个社会的价值取向,而青年又处在价值观形成和确立的时期,抓好这一时期的价值观养成十分重要。这就像穿衣服扣扣子一样,如果第一粒扣子扣错了,剩余的扣子都会扣错。人生的扣子从一开始就要扣好。

——2014 年 5 月 4 日,习近平总书记在北京大学师生座谈会上的讲话

要在全社会树立法律权威,使人民认识到法律既是保障自身权利的有力武器,也是必须遵守的行为规范,培育社会成员办事依法、遇事找法、解决问题靠法的良好环境,自觉抵制违法行为,自觉维护法治权威。

要坚持法治教育从娃娃抓起,把法治教育纳入国民教育体系和精神文明创建内容,由易到难、循序渐进不断增强青少年的规则意识。要健全公民和组织守法信用记录,完善守法诚信褒奖机制和违法失信行为惩戒机制,形成守法光荣、违法可耻的社会氛围,使尊法守法成为全体人民共同追求和自觉行动。

——2014 年 10 月 23 日,习近平总书记在党的十八届四中全会第二次全体会议上的讲话

推荐网站

(1) 中国法院网,网址为 https://www.chinacourt.org/。

(2) 全民普法网,网址为 http://qmpfw.cn/index.php/。

第 11 课
依法从事民事活动

 思维导图

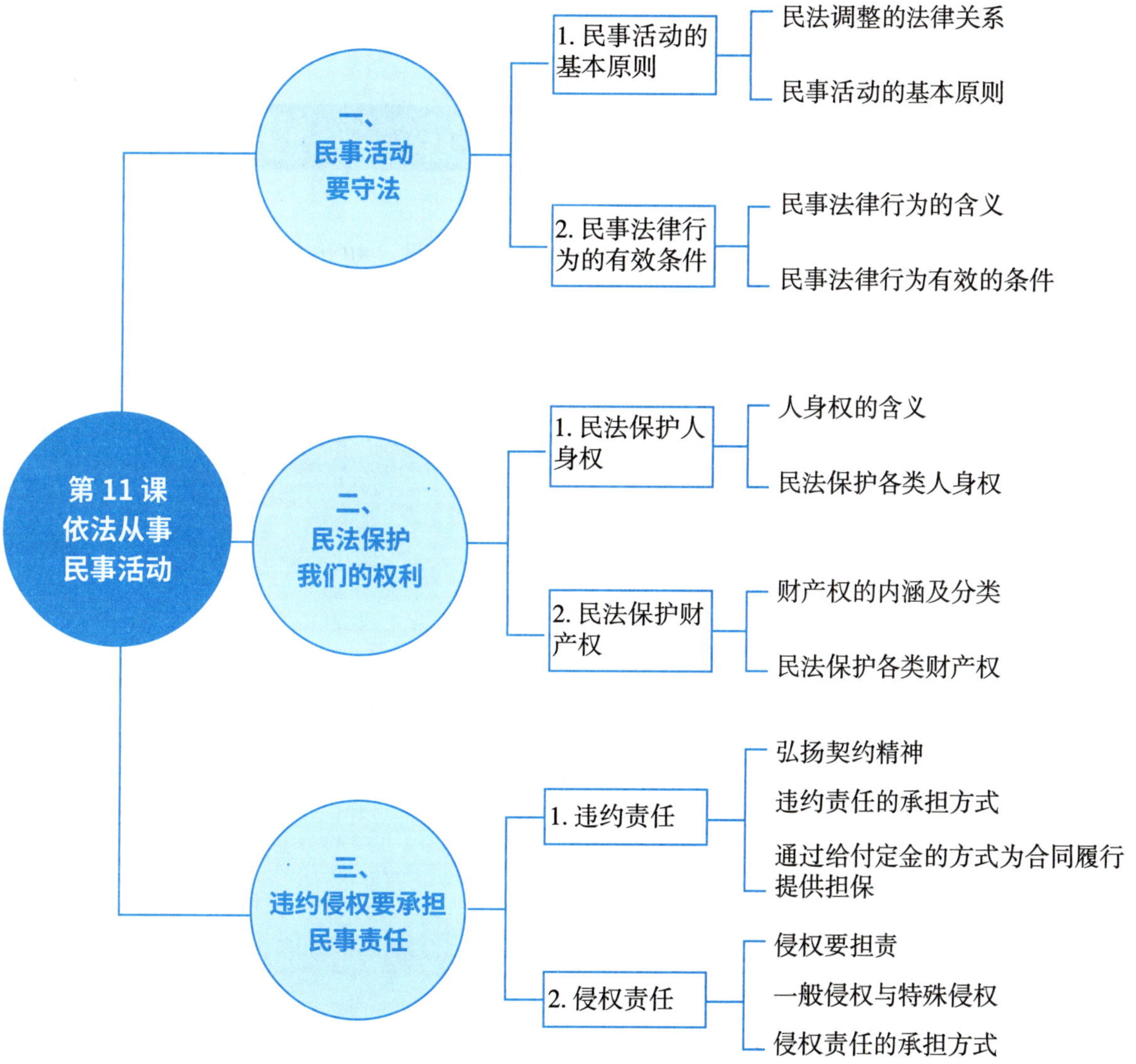

- 第11课 依法从事民事活动
  - 一、民事活动要守法
    - 1. 民事活动的基本原则
      - 民法调整的法律关系
      - 民事活动的基本原则
    - 2. 民事法律行为的有效条件
      - 民事法律行为的含义
      - 民事法律行为有效的条件
  - 二、民法保护我们的权利
    - 1. 民法保护人身权
      - 人身权的含义
      - 民法保护各类人身权
    - 2. 民法保护财产权
      - 财产权的内涵及分类
      - 民法保护各类财产权
  - 三、违约侵权要承担民事责任
    - 1. 违约责任
      - 弘扬契约精神
      - 违约责任的承担方式
      - 通过给付定金的方式为合同履行提供担保
    - 2. 侵权责任
      - 侵权要担责
      - 一般侵权与特殊侵权
      - 侵权责任的承担方式

 **目标点击**

（1）了解民法调整的范围，阐释民法的基本原则，描述民法基本原则与社会主义核心价值观之间的关系，能够判断民事行为是否有效，能够阐明法律明确侵权责任对权益保护的重要意义。

（2）认同我国坚持依法治国与以德治国相统一，提升法治意识。感受新时代发展背景下，民法给个人生活带来的更安全与广阔的空间，做社会主义法治的忠实崇尚者、自觉遵守者、坚定捍卫者。

（3）在日常生活中学法懂法守法用法，理性面对生活中的民事法律问题，积极依法参与社会生活，勇于承担社会责任。

 **自主预习**

观看视频《当哪吒遇上民法典》，通读教材第 11 课，初步思考总议题：民法如何"典"亮生活？

【视频来源：共产党员网】

学习感悟

课堂探究

素质训练

选一选

1. 下列社会关系属于民法的调整对象的是（   ）。
   ①老赵去世，他两个儿子因继承遗产发生纠纷
   ②小孙与老牛要求解除婚姻关系
   ③某市场监督局与汽车经销商之间订立的汽车买卖合同
   ④税务机关向彩票中奖的小崔征收税款
   A. ①②③　　　　B. ①②④　　　　C. ②③④　　　　D. ①③④

2. 下列选项中，不属于民法平等原则内容的是（   ）。
   A. 当事人在民事活动中的法律地位一律平等
   B. 自然人的民事权利能力一律平等
   C. 民事主体适用法律上一律平等，其权利受法律平等保护
   D. 自然人的民事行为能力一律平等

3. 下列各项中，属于限制民事行为能力人的是（   ）。
   A. 甲，6周岁，智力超群
   B. 乙，19周岁，高中毕业找工作不顺，在家待业
   C. 丙，20周岁，腿部残疾但精神状态正常
   D. 丁，10周岁，身体健康精神状态正常

4. 小闫长得矮胖，同学小林给他起了个"武大郎"的外号。对此，小闫心里很难受。但小林却认为，起外号是同学之间开玩笑，是件很平常的事，无可指责。小林的言行错在他不懂得给人起侮辱性外号属于（   ）。
   A. 侵害公民人格尊严的行为　　　　B. 侵害公民姓名权的行为
   C. 侵犯公民人身自由的行为　　　　D. 侵犯公民肖像权的行为

5. 小张在某网络平台注册账号，经常上传一些生活照片和日常心得。某日，小张登录账号后看到评论区有些攻击其人品的不实言论，其住址、家庭背景、电话号码也被曝光。下列说法中正确的是（   ）。
   ①网民曝光小张家庭背景的行为侵犯了小张的隐私权
   ②网民捏造事实攻击小张人品，侵犯了小张的肖像权
   ③小张的住址和电话号码不是隐私，曝光这类信息不构成侵权

④如果网民仅对小张的日常心得发表不同看法，则不构成侵权

A. ①② B. ①④ C. ②③ D. ③④

6. 岳某因骗取了姜某游戏账户内的游戏币及游戏装备被诉至法院。案件审理过程中，岳某辩称其骗取的游戏账户内的游戏币及装备不属于法律上的财产。我国《民法典》明确规定，法律保护网络虚拟财产。对此认识正确的是（　　）。

①网络虚拟财产属于个人合法财产
②民法典的规定意味着保护网络虚拟财产的法律已经完善
③网络虚拟财产与传统的财产形态相比存在较大的差异
④侵犯网络虚拟财产权的均应受到严厉刑事处罚

A. ①② B. ①③ C. ②④ D. ②③

7. 以下行为中属于侵犯知识产权的是（　　）。

A. 把自己从音像店购买的正版CD唱片借给同学听
B. 把网站上的一篇文章复制下来，转发给自己的朋友分享
C. 下载网络上一个具有试用期限的软件，进行了测试，并在网上发表测试心得
D. 某企业把自己生产的饼干改名为"奥力奥"以提高销量

8. 2019年"双十一"，小于参加某淘宝店大衣预售活动，支付了定金50元，并约定"双十一"当天付尾款，同时三日内店家发货。约定的发货期限到后，卖家以缺货为由一再延迟发货。本案中，小于可以（　　）。

①要求卖家双倍返还定金　　　　②要求卖家继续履行合同
③先申请仲裁后提起诉讼　　　　④要求卖家支付违约金和赔偿金

A. ①② B. ①④ C. ②③ D. ③④

9. 张某饲养了一只宠物狗，拴在自家院内。小周（15周岁）路过时拿棍子戏逗，宠物狗受到惊吓挣脱绳子冲出院门，把路过的王爷爷撞倒在地，造成其左腿粉碎性骨折，入院治疗一个多月，由此产生纠纷。下列说法中正确的是（　　）。

①王爷爷的生命权受到侵犯　　　　②王爷爷的身体权受到侵犯
③王爷爷有权请求张某支付医疗费　　④王爷爷有权请求小周父母支付医疗费

A. ①② B. ①③ C. ②④ D. ③④

10. 下列行为中，属于滥用民事权利损害国家利益、社会公共利益或者他人合法权益的是（　　）。

①甲将自己废弃不用的汽车置于马路中央的行为
②乙拒绝接受丁遗赠给其一台洗衣机的行为
③丙于下午在自己的房间里唱卡拉OK直到凌晨，影响邻居休息的行为
④丁在自己承包耕地上擅自建坟的行为

A. ①②③ B. ①②④ C. ①③④ D. ②③④

填一填

1. 请同学们阅读教材，将下面空格填写完整。

(1) 我国民法规定了民事主体从事民事活动中的_____、_____、_____、_____、合法与公序良俗、_____等基本原则。这些基本原则既是贯穿整个民事立法与司法的指导思想，也是民事活动的基本遵循。

(2) 民事法律行为只有符合法定的有效条件，才能得到法律的保护，达到预期的目的。民事法律行为有效须同时具备三个条件：_____；_____；_____，不违背公序良俗。

(3) 隐私权。隐私是自然人的_____和_____的私密空间、私密活动、私密信息。任何组织或者个人不得以_____、_____、_____、公开等方式侵害他人的隐私权。

(4) 所有权是所有权人对自己的不动产或者动产，依法享有_____、_____、_____和_____的权利。所有权依民法行使，受民法保护。

(5) 合同，也称契约，是民事主体之间_____、_____、_____民事法律关系的协议。只有弘扬契约精神，_____，才能有效实现合同目的，维护正常的经济秩序。

2. 查阅资料，归纳汇总，完成表格填写。

违约侵权要承担民事责任		
分类	违约责任	侵权责任
行为特点		
责任构成要件和免责条件		
承担责任的方式		

3. 完成民法保护人身权表格填写。

	分类	内容	生活中常见的侵权表现
民法保护人身权	身份权		
	人格权		

> 议一议

1. 江某在摄影器材城碰到一名男子，该男子称自己有一台全新的数码相机，可以市场价的30%出售。江某看到相机后感觉满意，于是付钱完成交易。四个月后，警察登门，原来该男子是一盗窃团伙成员，相机是其行窃所得。警察将该相机作为赃物扣押。

　　请结合以上材料，思考回答以下问题：以上案例所涉及财产的所有权分别属于谁？为什么买方付了钱却不一定能够取得所有权？在生活中如何用法律保护自己的合法财产权益？

2. 赵某某乘坐高铁，强行占有本不属于自己的靠窗座位，持有该座位车票的乘客要求他腾出座位时，赵某某称："谁规定一定要对号入座？"态度嚣张拒绝让座，甚至口出狂言威胁乘客，后乘警对其采取强行驱离措施。赵某某认为自己的权益受到侵害提起了诉讼，要求赔偿损失。

　　请结合以上材料，思考回答以下问题：赵某某的行为涉及何种民事责任？请简要分析其中的法律关系。对于侵权的一方，你有哪些要告诫他们的话？

活动演练

说一说

1. 《中华人民共和国民法典》自 2021 年 1 月 1 日起施行，这部"社会生活的百科全书"与我们的生活息息相关、密不可分，每个人的生老病死、衣食住行、经济活动都能从里面找到答案。《中华人民共和国民法典》以其广泛的调整范围，涵盖了几乎所有的民事生活领域，旨在保障民事主体的合法权益，维护正常的社会经济秩序，促进社会主义市场经济健康发展，并体现人文关怀的价值取向。

◎围绕分议题：为什么说民法保护着我们的一生？进行漫画说法明理活动，根据民法涵盖的内容及基本原则两项内容，为教材 101 页"阅读与思考"栏目漫画配上说明文，从漫画案例、法条链接、民法解读等方面，以简洁文字讲述漫画，解释民法典法条。通过用小漫画讲述大道理，呈现民法典的法律规范和价值关怀，帮助同学们了解法律知识、增强法治观念、提高法治素养、维护自身权益。

漫画说法明理

> 做一做

2. 随着科技进步，人体细胞、组织、器官的移植成为现实，与人体基因、人体胚胎有关的活动和纠纷也日益增多，而这些都与生命权、身体权和健康权有关；垃圾短信、远程拍摄、卫星定位、声音被篡改、肖像被"换脸"等使每个人都感觉自己毫无隐私可言，这些涉及个人信息、肖像权、隐私权等。《中华人民共和国民法典》人格权编对这些问题予以回应，构建了具体明确的权利保护规则。《中华人民共和国民法典》人格权编通过强化对人格权的保护，对人格尊严的维护，为每个人体面而更有尊严地生活提供了法律支持和保障。

◎围绕分议题：民法如何让每个人更有尊严？进行"民法知识大家谈"活动，针对人格权的问题进行讨论与问题解答。

人格权解读篇

演一演

3. 阅读教材 P110 "阅读与思考"、P111 "相关链接" 两个栏目的案例，回顾生活中民事侵权的热点事件（可登录"智慧普法平台"中的在线学法栏目学习）。

◎围绕分议题：民法如何为"权利"撑起保护伞？以小组为单位，对案件事件以讲、演等形式再现，进行以案释法宣讲，完成对案件的法律责任分析。

以案释法展示

第11课　依法从事民事活动

 **实践营地**

社会实践任务单

班级		小组成员		组长	
实践项目		实践方法		时间	
实践目的					
实践准备					

实践内容

153

社会实践体会

评价维度	评价要求	配分	得分
政治认同	坚持马克思主义世界观和方法论，领会中国特色社会主义理论体系，特别是习近平新时代中国特色社会主义思想，增进对伟大祖国、中华民族、中华文化、中国共产党、中国特色社会主义的认同，坚持社会主义核心价值体系，自觉培育和践行社会主义核心价值观。	20	
职业精神	具有积极劳动态度和良好劳动习惯，具有正确职业理想、科学职业观念、良好职业道德和职业行为，具备理性思维、批判质疑、勇于探究的科学精神，能够正确认识和处理社会发展与个人成长的关系，并作出正确价值判断和行为选择，在社会实践中增长才干。	20	
法治意识	具有社会主义法治观念、正确的权利义务观念，尊法学法守法用法，维护宪法尊严，自觉参与社会主义法治国家建设。	20	
健全人格	具有积极心理品质和自尊自信、理性平和、积极向上的心态，能自我调节和管理情绪，做到自立自强、坚韧乐观，提高心理健康水平和职业心理素质。	20	
公共参与	具有主人翁意识，坚持以人民为中心，能够有序参与公共事务、积极承担社会责任。	20	
合计		100	

 成长回眸

我的认识：

我的提升：

我的行动：

本课评价：

评价维度	内容	得分			
		自我评价	组长评价	生生评价	老师评价
认知与品质（30分）	了解民法调整的范围，阐释民法的基本原则，描述民法基本原则与社会主义核心价值观之间的关系，能够判断民事行为是否有效，能够阐明法律明确侵权责任对权益保护的重要意义。				
态度与情感（30分）	认同我国坚持依法治国与以德治国相统一，提升法治意识。感受新时代发展的背景下，民法给个人生活带来的更安全与广阔的空间，做社会主义法治的忠实崇尚者、自觉遵守者、坚定捍卫者。				
运用与行动（40分）	在日常生活中学法懂法守法用法，理性面对生活中的民事法律问题，积极依法参与社会生活，勇于承担社会责任。				
合计					

自我评价：优秀(90－100分)　　良好(75－89分)　　合格(60－74分)　　待提高(0－59分)

组长评价：优秀(90－100分)　　良好(75－89分)　　合格(60－74分)　　待提高(0－59分)

生生评价：优秀(90－100分)　　良好(75－89分)　　合格(60－74分)　　待提高(0－59分)

老师评价：优秀(90－100分)　　良好(75－89分)　　合格(60－74分)　　待提高(0－59分)

校外寄语：

信息资讯

习言习语

我们要依法保障全体公民享有广泛的权利，保障公民的人身权、财产权、基本政治权利等各项权利不受侵犯，保证公民的经济、文化、社会等各方面权利得到落实，努力维护最广大人民根本利益，保障人民群众对美好生活的向往和追求。

——2012年12月4日，习近平总书记在首都各界纪念现行宪法公布施行30周年大会上的讲话

法治建设要为了人民、依靠人民、造福人民、保护人民。必须牢牢把握社会公平正义这一法治价值追求，努力让人民群众在每一项法律制度、每一个执法决定、每一宗司法案件中都感受到公平正义。

——2018年8月24日，习近平总书记在中央全面依法治国委员会第一次会议上的讲话

民法典在中国特色社会主义法律体系中具有重要地位，是一部固根本、稳预期、利长远的基础性法律，对推进全面依法治国、加快建设社会主义法治国家，对发展社会主义市场经济、巩固社会主义基本经济制度，对坚持以人民为中心的发展思想、依法维护人民权益、推动我国人权事业发展，对推进国家治理体系和治理能力现代化，都具有重大意义。

民法典要实施好，就必须让民法典走到群众身边、走进群众心里。要广泛开展民法典普法工作，将其作为"十四五"时期普法工作的重点来抓，引导群众认识到民法典既是保护自身权益的法典，也是全体社会成员都必须遵循的规范，养成自觉守法的意识，形成遇事找法的习惯，培养解决问题靠法的意识和能力。

——2020年5月29日，习近平总书记在十九届中央政治局第二十次集体学习时的讲话

推荐网站

（1）中国民法典专库，网址为 https：//www.faxin.cn/lib/zt/mfd/index.aspx。

（2）智慧普法平台，网址为 http：//legalinfo.moj.gov.cn/。

第 12 课
自觉抵制犯罪

思维导图

- 第 12 课 自觉抵制犯罪
  - 一、刑法是惩罚犯罪保护人民的利器
    - 1. 我国刑法的目的和任务
      - 刑法的含义、地位、任务
      - 刑罚的含义、目的、作用、分类
    - 2. 我国刑法的基本原则
      - 罪刑法定原则
      - 适用刑法人人平等原则
      - 罪责刑相适应原则
  - 二、与犯罪行为作斗争
    - 1. 了解犯罪的特征和构成要件
      - 犯罪的含义
      - 犯罪的基本特征
      - 犯罪的构成要件
    - 2. 有勇有谋应对违法犯罪
      - 犯罪行为的危害
      - 正当防卫与紧急避险
      - 面对不法侵害的方法

目标点击

(1) 理解我国刑法的目的、任务和基本原则，了解犯罪的种类、特征和构成要件，认清犯罪行为的后果，掌握与违法犯罪分子作斗争的方法。

(2) 认同和拥护中国特色社会主义法制制度，明确加强自我防范、自觉抵制犯罪对树立正确人生观、价值观、职业观和成才观的作用，增强防范犯罪行为的意识。

(3) 认清犯罪行为的严重后果，提高辨别是非和自我保护能力，自觉抵制犯罪，做到有勇有谋应对违法犯罪。

自主预习

观看《法治微视频：预防未成年人违法犯罪》，初步思考总议题：如何自觉预防犯罪？

【视频来源：学习强国】

学习感悟

课堂探究

素质训练

选一选

1. 所谓"犯罪",是指哪种违法行为?（　　）。
   - A. 违宪行为
   - B. 民事违法行为
   - C. 刑事违法行为
   - D. 行政违法行为

2. 中职学生面对不法侵害时,应见义勇为,更要善于（　　）,采取机智灵活的方法与不法分子展开斗争,以避免造成更大的伤害。
   - A. 见义智为
   - B. 以暴制暴
   - C. 挺身而出
   - D. 视为不见

3. 小明在放学回家的路上,被一社会青年堵截要钱,小明无奈,只好把钱给他。事后,小明越想越气,第二天便找了几个要好的同学找到这位社会青年,将其打残。小明的行为属于（　　）。
   - A. 正当防卫
   - B. 故意杀人罪
   - C. 故意伤害罪
   - D. 防卫过当

4. 明知自己的行为会发生危害社会的结果,并且（　　）这种结果发生,因而构成犯罪的,是故意犯罪。
   - A. 故意放任
   - B. 故意希望
   - C. 希望或者放任
   - D. 意想不到

5. 犯罪构成要件不包括（　　）。
   - A. 犯罪对象
   - B. 犯罪的主体
   - C. 犯罪客体
   - D. 犯罪的客观方面

6. 犯罪客体,是指（　　）。
   - A. 某一种犯罪行为所直接侵犯的社会的某一部分
   - B. 某一种犯罪行为所直接侵犯的对象
   - C. 某一种犯罪行为所直接侵犯的具体人或物
   - D. 某一种犯罪行为所直接侵犯的为刑法所保护的社会关系

7. 下列原则中，（　　）不属于《刑法》的基本原则。

　　A. 罪刑法定原则　　　　　　　　　B. 适用刑法人人平等原则

　　C. 罪责刑相适应原则　　　　　　　D. 数罪并罚原则

8. 犯罪客观方面，（　　）。

　　A. 仅指危害行为

　　B. 仅指危害结果

　　C. 指侵害事实或危险状态

　　D. 指犯罪所必须具备的客观事实特征，包括危害行为、危害结果等

9. 我国《刑法》规定，法律没有明文规定为犯罪行为的，（　　）。

　　A. 可以适用类推　　　　　　　　　B. 不得定罪处罚

　　C. 不得定罪处刑　　　　　　　　　D. 可以定罪处罚

10. 犯罪的危害有（　　）。

　　①损害他人的生命健康

　　②损害他人财产安全

　　③给被害人及其家庭带来巨大伤害，对犯罪者家庭没什么影响

　　④犯罪者要为自己的犯罪行为付出沉重代价，受到刑罚处罚，也会给家人带来伤害

　　A. ①③　　　　B. ③④　　　　C. ②③　　　　D. ①②④

> **填一填**

1. 请同学们阅读教材,将下面空格填写完整。

> (1) 刑法是规定_____、_____和_____的法律,是_____的重要组成部分。我国刑法在中国特色社会主义法律体系中居于_____、_____地位,是_____、_____的有力武器。
>
> (2) 根据我国刑法规定,刑罚分为_____和_____两大类。主刑对犯罪分子_____。对于一个犯罪行为,只能判处_____。附加刑既可以_____,也可以_____。
>
> (3) 我国刑法明确规定了_____、_____、_____三项基本原则。这些基本原则贯穿全部刑法规范,对_____和_____具有指导意义。
>
> (4) 与一般违法行为相比,犯罪具有_____、_____、_____三个基本特征。其中,严重社会危害性是犯罪的_____。三个基本特征相互联系、不可分割,共同构成区分罪与非罪的标准。
>
> (5) 任何一种犯罪的成立都必须具备四个方面的构成要件,即_____、_____、_____、_____。

2. 刑罚的分类。

刑罚	主刑	附加刑
主要内容		
适用原则		
举例		

3. 犯罪的构成要件。

犯罪的构成要件	含义	举例
犯罪客体		
犯罪客观方面		
犯罪主体		
犯罪主观方面		

> 议一议

1. 一名16岁的中职生沉迷上了网游。为了筹集更多的钱继续打游戏，他开始敲诈同学。他以各种理由威胁一个同学，多次敲诈成功，总额达到600多元。最后，当受害者拒绝再给钱时，这名学生将受害者带到一个偏远的地方进行恐吓和殴打。受害者的家长报警，警察将犯罪嫌疑人逮捕。此人在接受审判时表示，他认为只是敲诈一些小钱，没想到会造成如此严重的后果。最终，他被判处有期徒刑2年6个月。

请结合以上材料及所学知识，议一议犯罪的特征及危害是什么？中职生应如何预防犯罪？

2. 一天晚上，田华从同学家归来，路过一条偏僻的胡同时，从胡同口处跳出一个持刀青年黄某。黄某把刀逼向田华并让他交出钱和手表。田华扭头就跑，结果跑进了死胡同，而黄某持刀紧随其后，慌乱害怕中，田华拿起墙角的一根木棒向黄某挥去，黄某应声倒下。田华立即向派出所投案，后经查验，黄某已死亡。

请结合以上材料及所学知识，议一议以上行为属于正当防卫吗？当我们遇到不法侵害时，应该如何面对？

第12课 自觉抵制犯罪

———— 活动演练 ————

> 查一查

1. 2020年12月26日，中华人民共和国第十三届全国人民代表大会常务委员会第二十四次会议通过《中华人民共和国刑法修正案（十一）》，自2021年3月1日起施行。其中规定，已满12周岁不满14周岁的人，犯故意杀人、故意伤害罪，致人死亡或者以特别残忍手段致人重伤造成严重残疾，情节恶劣，经最高人民检察院核准追诉的，应当负刑事责任。除此之外，还对安全生产、金融市场秩序、知识产权、生态环境等领域也进行了完善和修改，对一些社会反映突出的犯罪行为作了明确的规定。例如：高空抛物、妨害公共交通工具安全驾驶等，将侮辱、诽谤英雄烈士名誉、荣誉的行为明确规定为犯罪。

◎围绕分议题：为什么说刑法是惩罚犯罪保护人民的利器？召开惩罚犯罪交流论坛。分组查一查我国制定刑法的目的和任务是什么？选取具有代表性、典型性和教育意义的惩罚犯罪案例进行分享。案例内容应包括案件事实、法律适用、判决结果及案件背后的社会意义等。通过具体案例，加深对刑法是惩罚犯罪保护人民的利器的理解。

惩罚犯罪案例

> 议一议

2. 某天下午4时，小美在公交车站等车。她身边的一个人也在等车，没注意到有小偷正在向他扒窃。小美见状便走到这人面前，小声提醒道："有人偷你东西，要注意！"这人顿时警觉，护着财物离开了。小偷见小美是个女孩，走到她身边，用手撞她、骂她。而后，小偷的同伙都围上来打她，小美努力向一个治安岗亭跑去，小偷见势方才罢手。小美回到家中，其父母了解事情后，立刻报警，并连忙将她送到医院。经诊断，她的头部被歹徒重击后时常发昏发痛，左耳被重击后耳内疼痛并伴有耳鸣，上身也多处遭到重击。

◎围绕分议题：作为中职生，应该如何与犯罪行为作斗争？召开应对违法犯罪研讨会。分组讨论和交流，通过观点碰撞、头脑风暴，找到应对违法犯罪的斗争方法途径。选取具有代表性的应对违法犯罪案例，分析当今违法犯罪的特点，讨论最新的科技手段（如人工智能、手机拍照录音等）在违法犯罪打击中的应用。通过实例找到多种途径和方法，有效地打击和预防犯罪行为的发生。

斗争方法途径

实践营地

社会实践任务单

班级		小组成员		组长	
实践项目		实践方法		时间	
实践目的					
实践准备					
实践内容					

社会实践体会

评价维度	评价要求	配分	得分
政治认同	坚持马克思主义世界观和方法论，领会中国特色社会主义理论体系，特别是习近平新时代中国特色社会主义思想，增进对伟大祖国、中华民族、中华文化、中国共产党、中国特色社会主义的认同，坚持社会主义核心价值体系，自觉培育和践行社会主义核心价值观。	20	
职业精神	具有积极劳动态度和良好劳动习惯，具有正确职业理想、科学职业观念、良好职业道德和职业行为，具备理性思维、批判质疑、勇于探究的科学精神，能够正确认识和处理社会发展与个人成长的关系，并作出正确价值判断和行为选择，在社会实践中增长才干。	20	
法治意识	具有社会主义法治观念、正确的权利义务观念，尊法学法守法用法，维护宪法尊严，自觉参与社会主义法治国家建设。	20	
健全人格	具有积极心理品质和自尊自信、理性平和、积极向上的心态，能自我调节和管理情绪，做到自立自强、坚韧乐观，提高心理健康水平和职业心理素质。	20	
公共参与	具有主人翁意识，坚持以人民为中心，能够有序参与公共事务、积极承担社会责任。	20	
合计		100	

成长回眸

我的认识：
_____
_____

我的提升：
_____
_____

我的行动：
_____
_____

本课评价：

评价维度	内容	得分			
		自我评价	组长评价	生生评价	老师评价
认知与品质 （30分）	理解我国刑法的目的、任务和基本原则，了解犯罪的种类、特征和构成要件，认清犯罪行为的后果，掌握与违法犯罪分子作斗争的方法。				
态度与情感 （30分）	认同和拥护中国特色社会主义法制制度，明确加强自我防范、自觉抵制犯罪对树立正确人生观、价值观、职业观和成才观的作用，增强防范犯罪行为的意识。				
运用与行动 （40分）	认清犯罪行为的严重后果，提高辨别是非和自我保护能力，自觉抵制犯罪，做到有勇有谋应对违法犯罪。				
合计					

自我评价：优秀（90-100分）　良好（75-89分）　合格（60-74分）　待提高（0-59分）
组长评价：优秀（90-100分）　良好（75-89分）　合格（60-74分）　待提高（0-59分）
生生评价：优秀（90-100分）　良好（75-89分）　合格（60-74分）　待提高（0-59分）
老师评价：优秀（90-100分）　良好（75-89分）　合格（60-74分）　待提高（0-59分）
校外寄语：_____

信息资讯

习言习语

我们要本着对社会负责、对人民负责的态度,依法加强网络空间治理,加强网络内容建设,做强网上正面宣传,培育积极健康、向上向善的网络文化,用社会主义核心价值观和人类优秀文明成果滋养人心、滋养社会,做到正能量充沛、主旋律高昂,为广大网民特别是青少年营造一个风清气正的网络空间。

——2016年4月19日,习近平总书记在网络安全和信息化工作座谈会上的讲话

要坚持保障合法权益和打击违法犯罪两手都要硬、都要快。对涉众型经济案件受损群体,要坚持把防范打击犯罪同化解风险、维护稳定统筹起来,做好控赃控人、资产返还、教育疏导等工作。要继续推进扫黑除恶专项斗争,紧盯涉黑涉恶重大案件、黑恶势力经济基础、背后"关系网""保护伞"不放,在打防并举、标本兼治上下功夫。要创新完善立体化、信息化社会治安防控体系,保持对刑事犯罪的高压震慑态势,增强人民群众安全感。要推进社会治理现代化,坚持和发展"枫桥经验",健全平安建设社会协同机制,从源头上提升维护社会稳定能力和水平。

——2019年1月21日,习近平总书记在省部级主要领导干部坚持底线思维着力防范化解重大风险专题研讨班开班式上的讲话

要积极预防、妥善化解各类社会矛盾,确保社会既充满生机活力又保持安定有序。要处理好维稳和维权的关系,既要解决合理合法诉求、维护群众利益,也要引导群众依法表达诉求、维护社会秩序。要围绕影响群众安全感的突出问题,履行好打击犯罪、保护人民的职责,对涉黑涉恶、涉枪涉爆、暴力恐怖和个人极端暴力犯罪,对盗抢骗、黄赌毒、食药环等突出违法犯罪,要保持高压震慑态势,坚持重拳出击、露头就打。

——2019年5月7日至8日,习近平总书记在全国公安工作会议上的讲话

推荐网站

(1) 中国人大网,网址为 http://www.npc.gov.cn/。

(2) 中华人民共和国最高人民法院官网,网址为 https://www.court.gov.cn/index.html。

第 13 课
学会依法维权

思维导图

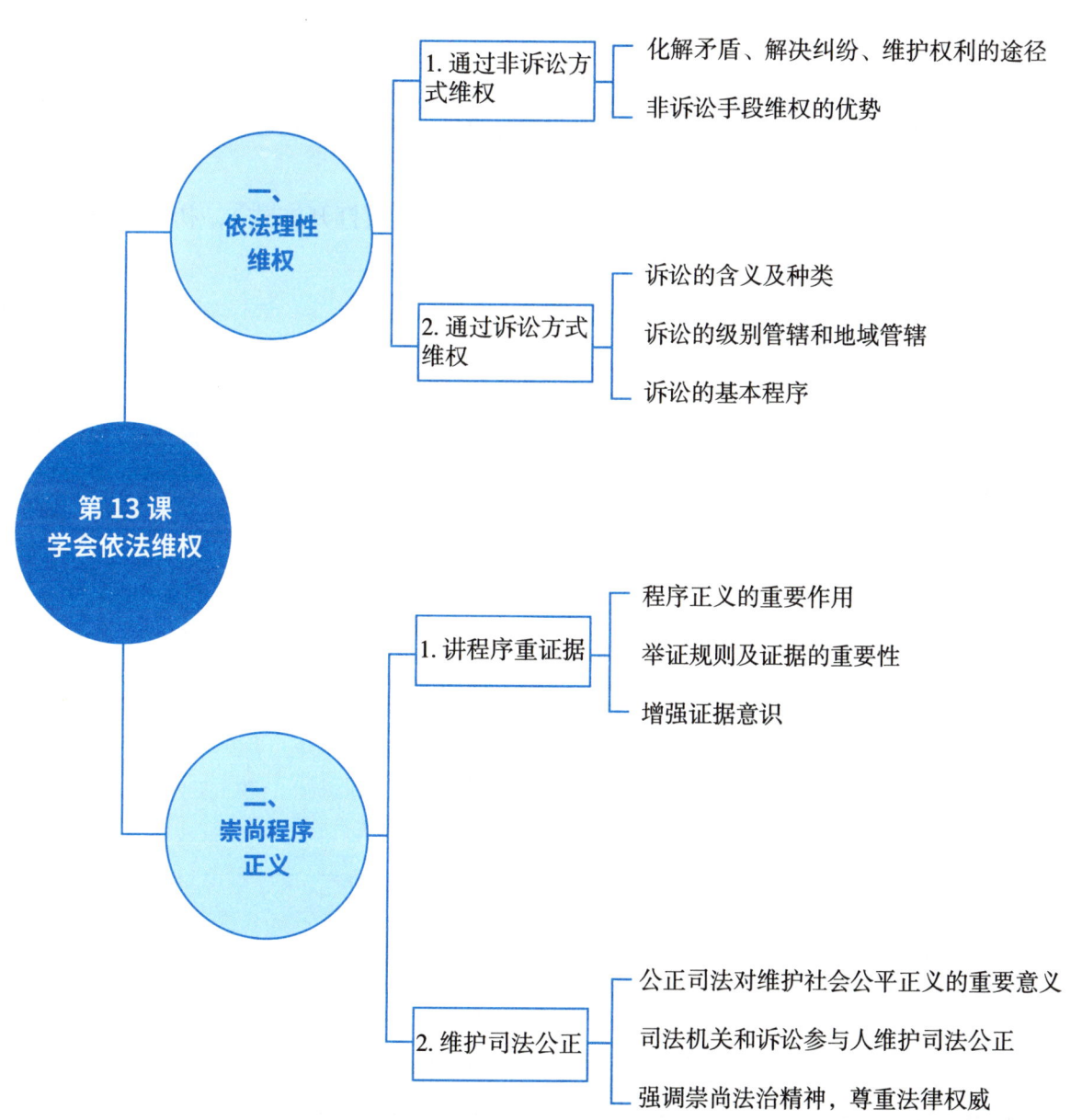

 **目标点击**

（1）掌握民事诉讼和行政诉讼的基本程序，理解依法维权在职业生活中的作用，掌握有效化解矛盾、解决纠纷、维护权利的途径和方式，懂得公正司法是维护社会公平正义的最后一道防线。

（2）体会程序正义对维护公平正义的作用，增强自觉守法、遇事找法、解决问题靠法的意识和在职业活动中依法理性维权意识。

（3）在日常生活中，自觉养成尊法学法守法用法的良好职业行为习惯，学会依法理性维权，养成依法行使诉讼权利、履行诉讼义务的思维方式和行为习惯。

 **自主预习**

观看视频《"3·15"消费者权益日，教你维权的正确打开方式》，初步思考总议题：如何依法维权？

【视频来源：学习强国】

学习感悟

课堂探究

—— 素质训练 ——

选一选

1. 张某在某超市买了一盒咸鸭蛋，回家后发现变质变味要求超市退货，遭到拒绝。下列可以作为合法证据适用的是（　　）。
   A. 偷录、偷拍的视频照片　　　B. 为了获得赔偿，伪造的证据
   C. 窃听获取录音　　　　　　　D. 消费的票据单据

2. 根据我国《民事诉讼法》的规定，民事举证一般实行（　　）的原则。
   A. 依据事实　　　　　　　　　B. 被告承担主要举证责任
   C. 谁主张谁举证　　　　　　　D. 原告负主要举证责任

3. 在解决劳动纠纷的基本形式中，最简单方便，不伤感情，有利于团结的劳动争议解决方式是（　　）。
   A. 和解协商　　B. 申请调解　　C. 申请仲裁　　D. 提起诉讼

4. 根据案件性质的不同，诉讼可以分为（　　）。
   ①民事诉讼　　②行政诉讼　　③刑事诉讼　　④和解协商
   A. ①②④　　　B. ②③④　　　C. ①②③　　　D. ①③④

5. 中职毕业生小刚因不适应工作岗位要求，导致工作效率较低，公司以此为理由将小刚辞退。如果小刚不服，可先采取的维权手段是（　　）。
   ①与公司进行和解
   ②由企业劳动争议调解委员会进行调解
   ③向法院提起诉讼
   ④网络上发文控诉公司，爆出公司的黑料
   A. ①③④　　　B. ①②④　　　C. ②③④　　　D. ①②③

6. 法官李某在审理一起案件时，因为案件当事人是其近亲属而主动退出审判过程，这体现了为保证法律的公平正义，诉讼法遵循（　　）。
   A. 回避原则　　　　　　　　　B. 合议制原则
   C. 公开审判原则　　　　　　　D. 两审终审原则

7. 小王上学路上因为时间紧迫,决定骑共享单车去学校,由于未戴头盔被交警拦下,并被罚款50元。小王不服,觉得处罚过于严重,为此他可以通过(　　)维权。

   A. 民事诉讼　　　　　　　　　　B. 行政复议

   C. 仲裁　　　　　　　　　　　　D. 调解

8. 公正是司法的生命线。司法的(　　)都应体现公正、平等、正当、正义的精神。

   A. 过程和结果　　　　　　　　　B. 秩序和过程

   C. 过程和实体　　　　　　　　　D. 结果和内容

9. 债权人甲以买卖合同书证明他与债务人乙之间存在买卖法律关系,此买卖合同书属于(　　)。

   A. 间接证据　　B. 物证　　C. 反证　　D. 书证

10. 李某借张某20000元不还,张某起诉到法院要求李某还钱;小王因故意杀人被检察院起诉。上述材料中的两种诉讼方式分别属于(　　)。

    A. 刑事诉讼和民事诉讼　　　　　B. 行政诉讼和民事诉讼

    C. 民事诉讼和刑事诉讼　　　　　D. 民事诉讼和行政诉讼

填一填

1. 请同学们阅读教材，将下面空格填写完整。

(1) 化解矛盾、解决纠纷、维护权利的途径有多种。我们既可以通过_____来维权，也可以通过_____、_____、_____、_____等非诉讼手段来解决纠纷。

(2) 诉讼，指的是_____及其公职人员，在_____的参与下，依照_____和_____处理案件、解决纠纷的专门活动。

(3) 崇尚程序正义，是_____的重要体现，是_____的重要特征。程序正义是一种_____的正义，有助于_____的实现。正当的法律程序体现了_____，有利于司法机关依法_____、_____，最终实现_____。

(4) 用_____说话，是程序正义的_____。所有证据必须经_____，才能作为认定事实的根据。证据不仅要_____，还要_____。违反法定程序取得的证据，应当_____，不得作为定案的依据。

(5) 维护司法公正，人民法院应依法_____，人民检察院应依法_____，不受行政机关、社会团体和个人的干涉。审判人员、检察人员或其他法定人员如果与诉讼当事人有_____或与_____，应当回避。

2. 依法维权的方式。

依法维权的方式	含义	举例
和解		
调解		
仲裁		
行政复议		
诉讼		

3. 民事诉讼中的证据类型。

证据类型	含义	举例
当事人的陈述		
书证		
物证		
视听资料		
电子数据		
证人证言		
鉴定意见		
勘验笔录		

议一议

1. 案例一：中职生小雪在某超市买了 2 包火腿肠，小雪到家后，打开包装，发现火腿肠有涨包情况，里面的火腿已经坏了，当天小雪拿着购买的火腿肠以及购物小票找到超市管理人员，要求超市赔偿，遭到拒绝。小雪想讨个公道。

案例二：15 岁的何某在放学回家的路上，经过严某门前时，被严家的狗咬伤，住院十多天花去医疗费近 2000 元。事后，何某的父亲找到严某要求赔偿，严某却蛮横地说："你儿子是被狗咬的，如果要赔你就让狗赔，我没钱给你。"何某的父亲作为其儿子的监护人，要通过合法途径维护孩子的合法权益。

请结合以上材料，从依法理性维权角度，为小雪、何某提出合理建议。

2. 某年春节前夕王某向李某借1万元，并向李某保证春节后一定及时还清。因为是朋友关系，李某没有要求王某留下借条。过了正月，李某因为急于用钱，向王某催要，王某说："现在没有钱还，有钱以后一定还。"到了年底，王某依然分文未还。李某在多次讨要未果的情况下，便向法院提起了诉讼，要求法院判决王某返还1万元的本息。在诉讼的过程中，王某开始耍赖，说从来没有向李某借过钱。但是，法院因为李某无法提供证据，驳回李某的诉讼请求。

请结合以上材料分析，我国法律主张"以事实为根据，以法律为准绳"，借钱是事实，法院为什么不支持李某的诉讼请求呢？

活动演练

> 写一写

1. 职工与用人单位的劳动争议，也属于民事纠纷。劳动争议与普通民事纠纷的处理方式略有不同。如果当事人协商或调解不成，可以到当地的劳动争议仲裁委员会申请仲裁；如果对仲裁结果仍不满意，才可以到人民法院提起民事诉讼。未经劳动争议仲裁，不得直接提起民事诉讼。申请劳动仲裁，要提交申请书；提起民事诉讼，要准备起诉状，以便明确诉求，说明事实和理由。

◎围绕分议题："如何依法维权"，查阅劳动争议案例，模拟起草一份劳动仲裁申请书。根据具体的劳动争议情况来撰写申请事项、事实与理由以及证据清单。劳动仲裁申请书应确保内容真实、准确、完整，并附上相关证据材料以支持申请请求。

劳动仲裁申请

> 说一说

2. 很多普法宣传的电视节目，如《今日说法》《法治进行时》《普法栏目剧》《与法同行》等，都深受人们欢迎；也有很多司法题材的影视剧广受好评。《执行法官》就是其中之一，该剧选取了执行难这一社会热点问题，通过真实的执行案件，展现了执行法官在执行过程中运用法律手段解决纠纷、维护社会公平正义。剧中不仅展现了执行程序的各个环节，还涉及了许多法律知识和司法程序，对于普及法律知识、提高公众的法律意识具有积极意义。

◎围绕分议题：为什么要崇尚程序正义？举行普法剧集推介会，精选一个普法剧集，写出普法剧集推介文案，重点发掘和讲解其中与司法程序相关的元素，截取剧集片段，推介给大家观看欣赏。

普法剧集推介

实践营地

社会实践任务单

班级		小组成员		组长	
实践项目		实践方法		时间	

实践目的	

实践准备	

实践内容

社会实践体会

评价维度	评价要求	配分	得分
政治认同	坚持马克思主义世界观和方法论，领会中国特色社会主义理论体系，特别是习近平新时代中国特色社会主义思想，增进对伟大祖国、中华民族、中华文化、中国共产党、中国特色社会主义的认同，坚持社会主义核心价值体系，自觉培育和践行社会主义核心价值观。	20	
职业精神	具有积极劳动态度和良好劳动习惯，具有正确职业理想、科学职业观念、良好职业道德和职业行为，具备理性思维、批判质疑、勇于探究的科学精神，能够正确认识和处理社会发展与个人成长的关系，并作出正确价值判断和行为选择，在社会实践中增长才干。	20	
法治意识	具有社会主义法治观念、正确的权利义务观念，尊法学法守法用法，维护宪法尊严，自觉参与社会主义法治国家建设。	20	
健全人格	具有积极心理品质和自尊自信、理性平和、积极向上的心态，能自我调节和管理情绪，做到自立自强、坚韧乐观，提高心理健康水平和职业心理素质。	20	
公共参与	具有主人翁意识，坚持以人民为中心，能够有序参与公共事务、积极承担社会责任。	20	
合计		100	

成长回眸

我的认识：

我的提升：

我的行动：

本课评价：

评价维度	内容	得分			
		自我评价	组长评价	生生评价	老师评价
认知与品质（30分）	了解民事诉讼和行政诉讼的基本程序，理解依法维权在职业生活中的作用，掌握有效化解矛盾、解决纠纷、维护权利的途径和方式，懂得公正司法是维护社会公平正义的最后一道防线。				
态度与情感（30分）	体会程序正义对维护公平正义的作用，增强自觉守法、遇事找法、解决问题靠法的意识和在职业活动中依法理性维权意识。				
运用与行动（40分）	在日常生活中，自觉养成尊法学法守法用法的良好职业行为习惯，学会依法理性维权，养成依法行使诉讼权利、履行诉讼义务的思维方式和行为习惯。				
	合计				

自我评价：优秀（90－100分）　　良好（75－89分）　　合格（60－74分）　　待提高（0－59分）

组长评价：优秀（90－100分）　　良好（75－89分）　　合格（60－74分）　　待提高（0－59分）

生生评价：优秀（90－100分）　　良好（75－89分）　　合格（60－74分）　　待提高（0－59分）

老师评价：优秀（90－100分）　　良好（75－89分）　　合格（60－74分）　　待提高（0－59分）

校外寄语：

信息资讯

习言习语

维权是维稳的基础,维稳的实质是维权,要求完善对维护群众切身利益具有重大作用的制度,强化法律在化解矛盾中的权威地位。

——2014年1月7日,习近平总书记在中央政法工作会议上的重要讲话

我们必须认认真真讲法治、老老实实抓法治。各级领导干部要对法律怀有敬畏之心,带头依法办事,带头遵守法律,不断提高运用法治思维和法治方式深化改革、推动发展、化解矛盾、维护稳定能力。

推进公正司法,要以优化司法职权配置为重点,健全司法权力分工负责、相互配合、相互制约的制度安排。

——2014年10月23日,习近平总书记在党的十八届四中全会第二次全体会议上的讲话

全党要切实推动民法典实施,以更好推进全面依法治国、建设社会主义法治国家,更好保障人民权益。

——2020年5月29日,习近平总书记在中共中央政治局第二十次集体学习时的讲话

工人阶级和广大劳动群众是社会财富的主要创造者,推动全体人民共同富裕取得更为明显的实质性进展,首先要体现在亿万劳动者身上。工会作为职工利益的代表者和维护者,要认真履行维权服务基本职责着力解决关系职工群众切身利益的实际问题,重视维护新就业形态劳动者的合法权益。要加强企事业单位民主管理,畅通职工诉求表达渠道,引导职工依法维护自身权益,推动构建和谐劳动关系。

——2023年10月23日,习近平总书记在同中华全国总工会新一届领导班子成员集体谈话时的讲话

> **推荐网站**
>
> (1) 中国法治宣传维权网,网址为 http://www.zgfzxcwqw.com/。
>
> (2) 人民法制维权网,网址为 http://www.rmfzwqw.cn/。

后 记

"法安天下，德润人心。"为深入贯彻落实习近平总书记"3·18"重要讲话精神，贯彻落实教育部等十部门联合印发的《全面推进"大思政课"建设的工作方案》，坚持开门办思政课、突出实践导向等总体要求，坚决贯彻落实思政课"八个相统一"。我们组织编写了这本《职业道德与法治学习辅导》。

本书主编为北京市商业学校思政专任教师孙明利、朱兵。参加编写的人员还有：贾若、任秀慧、张兰、丁燕。

本书在编写过程中得到了许多人的帮助和支持，丁喆老师与所有编写人员一起探讨了书中的每一个章节，提出了许多宝贵的意见和建议。同时，北京商业学校的同学们也给了我们很多反馈，让我们更加了解他们的需求和困惑。这些帮助和支持让我们深感温暖和感激。

当然，由于篇幅和时间的限制，本书也还有许多不足之处，无法涵盖职业道德与法治的所有问题。但是，我们还是希望本书能够成为同学们思考和探索的起点，激发大家的兴趣和热情。

展望未来，我们将继续关注职业道德与法治领域的最新发展动态，不断完善和更新本书的内容。同时，我们也期待同学们、老师们多提宝贵意见和建议，共同推动职业道德与法治教育的发展。

编　者

2024 年 8 月

后　记

"法安天下，德润人心。"为深入贯彻落实习近平总书记"3·18"重要讲话精神，贯彻落实教育部等十部门联合印发的《全面推进"大思政课"建设的工作方案》，坚持开门办思政课、突出实践导向等总体要求，坚决贯彻落实思政课"八个相统一"。我们组织编写了这本《职业道德与法治学习辅导》。

本书主编为北京市商业学校思政专任教师孙明利、朱兵。参加编写的人员还有：贾若、任秀慧、张兰、丁燕。

本书在编写过程中得到了许多人的帮助和支持，丁喆老师与所有编写人员一起探讨了书中的每一个章节，提出了许多宝贵的意见和建议。同时，北京商业学校的同学们也给了我们很多反馈，让我们更加了解他们的需求和困惑。这些帮助和支持让我们深感温暖和感激。

当然，由于篇幅和时间的限制，本书也还有许多不足之处，无法涵盖职业道德与法治的所有问题。但是，我们还是希望本书能够成为同学们思考和探索的起点，激发大家的兴趣和热情。

展望未来，我们将继续关注职业道德与法治领域的最新发展动态，不断完善和更新本书的内容。同时，我们也期待同学们、老师们多提宝贵意见和建议，共同推动职业道德与法治教育的发展。

编　者

2024 年 8 月